河東裴氏

千年宰相世族

楊占平 主編

兩千年文官武將不斷，真的不靠血統，只靠家風

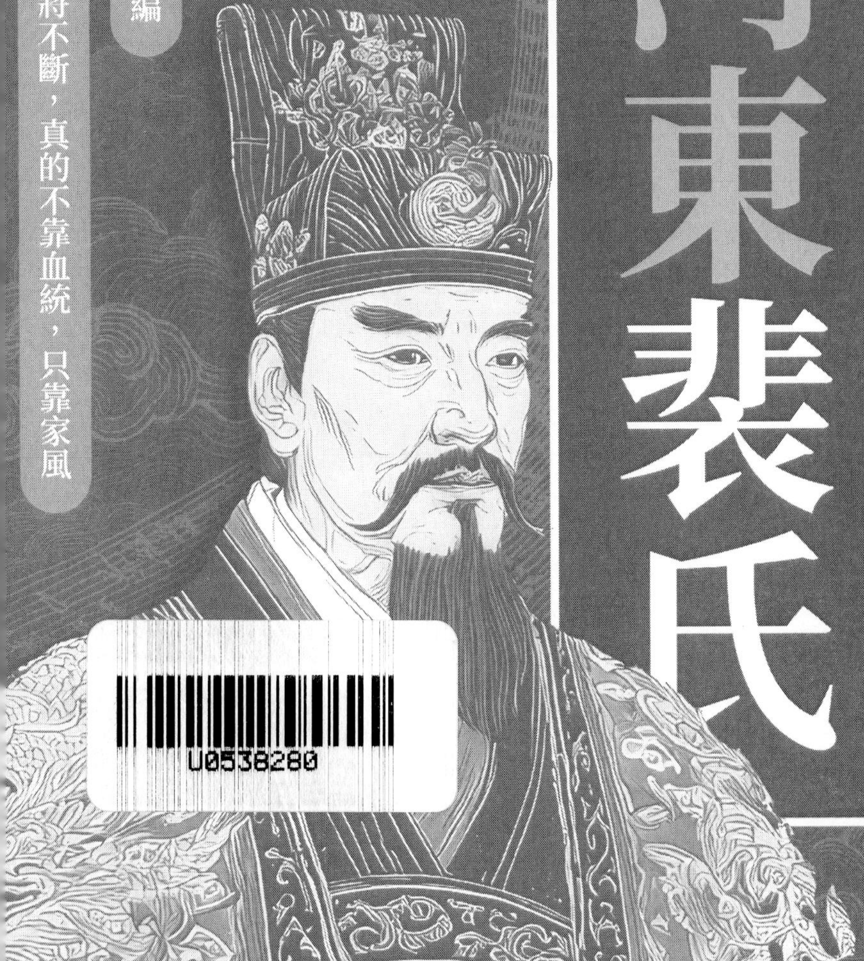

為官子弟三千人，一門清白不染塵

一門五十九相，滿門忠義清風

家不正則國不興！名門不靠財富

——千年裴氏以德行與清譽贏得世人敬仰

裴茂一戰成名

裴潛掛「胡床」

裴松之注《三國志》

裴果勇冠三軍

裴氏子孫誦讀家訓

裴政主持制定《開皇律》

裴琰之辦案

挺身而出裴伷先

裴寬瘞鹿

裴希度衙前濟民

目錄

第一話　家訓與家風戒律

裴氏家族源遠流長。據金大定十一年編寫的《裴氏世譜》記載，聞喜裴氏最早出自有熊氏，是伯益之後，與秦氏同祖。裴氏先人曾經輔殷伐桀，輔周伐紂，累世有功，秦封「城」。周僖王時，非子六世孫陵，更「邑」從「衣」，因以為氏，開始有裴姓。其裔孫裴曄，東漢永建初年，仰觀星辰，俯察地理，合族遷居河東聞喜裴柏村，以此為發祥地。

到兩晉時期，裴氏人丁繁衍旺盛，遍布各地，並逐漸分為三大支：世居山西河東聞喜故地者為中眷裴；居於長安與涼州一帶者叫西眷裴；居於幽燕、襄陽一帶者叫東眷裴。後來又有洗馬川裴與南來吳裴，總稱「三支五房」。宋代以後，裴氏子孫幾乎遍布天下，如陝西、河南、甘肅、河北、湖南、湖北、江西、江蘇、安徽、四川、廣東等地，均有裴氏後裔蹤跡。僅山西省南部的河東大地，裴氏就分為「八裴十二族」。儘管裴氏支派繁多，但不論何方何地裴氏後裔，細考其譜系源流，追其本末出處，大都出自三眷之後，發端於聞喜裴柏村，故有「天下無二裴」之說。

裴氏家族自古為三晉望族，也是中國歷史上聲勢顯赫的名門巨族。「自秦漢以來，歷六朝而盛，至隋唐而盛極，五代以後，餘芳猶存。在上下二千餘年間，豪傑俊邁，名卿賢相，摩肩接踵，輝耀前史，茂郁如林，代有偉人，彪炳史冊。」裴氏家族人物之盛，德業文章之隆，在中外歷史上堪稱絕無僅有。

裴氏家族公侯一門，冠裳不絕，正史立傳與載列者六百餘人，名垂後世者不下千餘人，總計大小官員三千餘人。據《裴譜．官爵》記載，在這上下兩千餘年間，裴氏家族先後出過宰相五十九人，大將軍五十九人，中書侍郎十四人，尚書五十五人，侍郎四十四人，常侍十一人，御史十一人，使節二十五人，刺史、太守二百八十七人，太守以下不計其數。另外，得到王室爵封的有八十九人，進士六十八人，狀元二人，賢良七人，辟舉六十五人。因裴氏多次與皇室聯姻，出過皇后、太子妃、王妃、駙馬等三十餘人。真是人才輩出，代有英賢，燦若群星，影響深遠。

第一節　「家訓」潤無聲

《河東裴氏家訓》

裴氏的家規家訓很多，但就《河東裴氏家訓》而言，主要包括四大方向，即「重教務學、崇文尚武、德業並舉、廉潔自律」，共十二條，是要求裴氏子弟「必須這麼做」，絕不能打任何折扣。

第一條　敬奉祖先：慎終追遠，木本水源。生事死葬，祭祀禮存。立志向善，做賢子孫。貽謀燕翼，勿忘祖恩。

第二條　孝順父母：父母恩德，同比昊天。人生百行，孝順為先。跪乳反哺，物類猶然。況人最靈，孺慕勿遷。

第三條　友愛兄弟：世間難得，莫如兄弟。連氣分形，友恭以禮。同心同德，團結一體。姜被田荊，怡怡後啟。

第四條　協和宗族︰曰宗曰族，一脈相傳。勿事紛爭，和諧齊賢。尊卑長幼，倫理秩然。遠近親疏，裕後光前。

第五條　敦睦鄰里︰同村共井，居有德鄰。相維相恤，友助和春。勿生嫌隙，有禮彬彬。基層良風，家國親仁。

第六條　立身謹厚︰謹身節用，明刊孝經。武侯謹慎，昭若日星。厚德載福，寬讓能寧。謙虛自牧，喜怒不形。

第七條　居家勤儉︰勤能補拙，儉以養廉。豐家裕國，莫此為先。頹惰奢靡，禍害無邊。惜時愛物，居安樂天。

第八條　嚴教子孫︰家庭教育，立人丕基。誨爾諄諄，性乃不移。謹信泛愛，重道尊師。傳子一經，金玉薄之。

第九條　讀書明德︰人不讀書，馬牛襟裾。學而時習，其樂有餘。一技專長，生計無虞。立達希賢，典型規模。

第十條　惇厚戚朋︰朋友五倫，以德輔仁。益友損友，擇遊宜珍。戚黨姻親，和洽如春。歲時伏臘，晉接禮賓。

第十一條　慎重言語：一言興邦，一言喪邦。圭玷可磨，言玷永傷。駟不及舌，語出須防。少說寡禍，發言有章。

第十二條　講求公德：置身社會，公德第一。愛惜公物，遵守序秩。時時警惕，留心錯失。袪除自私，免貽人疾。

解讀

第一條：父母健在時要好好侍奉，去世後也要慎重地辦理他們的喪事，一切都要依據祭祀的禮儀進行，並虔誠地祭祀遠代祖先，一心向善，做一個賢良的子孫，使後代安定，不要忘記祖先的恩德。

第二條：俗話說「百善孝為先」，孝道是古代社會的基本道德規範。父母給予你的恩德和上天的恩德差不多。一個人一生中那麼多種行為，孝順應該排在第一位，羊羔跪乳，烏鴉反哺，動物都能做到這樣，何況是世間最有靈性的人，要為孩子立下榜樣，不要輕易改變。

第三條：人世間最難得的感情，莫過於手足了，他們是同一個母親所生，形體各異而氣息相通的人。在一個大家庭裡，要做到兄友弟恭，同心同德，緊密團結，就像漢代姜肱兄弟一樣，得到後人讚揚。

第四條：同宗同族，都是一脈相傳的，遇到事情不要起紛爭，要和諧共處，向賢者看齊。尊卑長幼，倫理秩序要分明。遠近親疏，引導後人光耀前人的功業。

第五條：遠親不如近鄰，同在一村共飲一井之水，居住要與有道德的人為鄰。相互體恤，友愛互助，和睦相處。不要因猜疑或不滿而產生仇恨和隔閡，要講究禮節。在基層形成良好的風氣，家族和國家都親近講仁義之人。

第六條：「謹身節用」，這個詞出自《孝經》，像諸葛武侯，一生謹慎，但是其豐功偉業卻如日月星辰一般，人人都能看見。有道德的人能夠承載更多的幸福，寬厚謙讓的人心靈能夠得到安寧。做人要謙虛謹慎，修身養性，不要把喜怒表現在臉上。

第七條：勤奮能夠彌補不足，節儉可以培養廉潔的作風。正是這一條家訓，使得裴氏族人歷史上出現了那麼多的清官廉吏。家庭殷實，國家富裕，無不把勤儉放在前面。懶惰奢靡，禍害無窮。要珍惜時間，愛護家物，居安思危，樂天知命。

第八條：家庭教育，是人才成長的基礎。與現代很多家庭一樣，裴氏家族也非常注重對子孫的教育。教誨不倦，堅持不懈。教育子孫在一切日常生活中的行為要小心謹慎，言語要講信用，和大眾相處要平等博愛，重視道德的培養，讓他們尊敬師長。多為子孫留傳一些經典書籍，少留一些錢財。

第九條：人如果不讀書，就和馬牛一樣不懂得禮節。讀書的時候要經常溫習，其樂無窮。人要有一技之長，生計就沒有顧慮。向社會賢達看齊，盡力成為典範楷模。重視教育，是裴氏家族能夠多年興盛的原因。

第十條：朋友之間的倫理關係，應講求品德和仁愛。好朋友和壞朋友，在相處時應謹慎選擇，互相珍惜。親戚朋友，如春天一樣和睦相處。一年四季，接見賓客要以禮相待。

第十一條：說話一定要考慮周到，如果說好一句很有意義的話，可以發揮治國安邦的作用；反之，如果說錯一句話，可能會影響到國家利益。每個人會有一些缺點，都能改變，說出的錯話會永遠被人記住。一句話說出來再也無法收回，所以，一定要防止出錯。要盡量少說不必要的話，必須發言時一定要有章法。

第十二條：在社會生活中，做人做事都要講究公德第一的原則。對於公共物品一定要愛護，不能事不關己就不聞不問；要遵守紀律和規定。在公共場所，要隨時注意保持情緒穩定，絕不能犯下基本錯誤或失禮行為。要避免自私自利傾向，免得留下把柄。

第二節　「家戒」醒後人

《河東裴氏家戒》

《河東裴氏家戒》共十條，它有十個「毋」，同《河東裴氏家訓》一樣，是要求裴氏子弟「不能這麼做」，絕不能打任何折扣。

第一條　毋忤尊親：《孝經》云：「夫孝，天之經也，地之義也，民之行也。」是故子女對父母長輩，應予孝順，聽從教誨，絕不許有違忤、傷害、遺棄尊親。

第二條　毋辱祖先：木本水源，慎終追遠，乃人倫之基本大道。《詩》云：「毋忘爾祖，聿修厥德。」即常念爾祖，述修其德之謂。故為人子孫者，應修身明德，遵守正道，不敢為非，毋辱其祖先。

第三條　毋重男輕女：天生烝民，本為平等，無分男女貴賤，是以父母長輩，不可有重男輕女之觀念。教育、生活，男女一律平等，吾姓女子不得以之嫁人為妾，或溺女嬰，拋棄女嬰之事。

第四條　毋事賭博：賭博傾家蕩產，為害匪淺。長輩須以身作則，絕不可涉足其間。嚴禁青年後輩沉溺於斯，即使從旁觀看，絕不許可，以杜其漸，沾染惡習。

第五條　毋為盜竊：君子固窮，一介不取。廉者不受嗟來食，志士不飲盜之泉。奚肯淪為盜賊，殺人越貨之敗類。吾姓子孫，須明廉知恥，做堂堂正正之人。

第六條　毋貪色淫：淫嫖敗德戕身。姦淫婦女，報應隨之。青年縱慾，天機早洩，損其壽算，或罹痼疾，貽害子孫。為官貪色，身敗名裂。吾家子孫，允宜切戒。勿納於邪，非禮是遠。

第七條　毋吸菸毒：一般香菸，百害無益。而況吸食鴉片及有關毒品，為害尤烈。吾家子孫，應予切戒，免戕身心，傾蕩家財產業，更罹法網。

第八條　毋酗酒好鬥：酒以格神禮賓，飲宜適度。豪飲酗酒，亂性敗德，戕身僨事。孟子云：「少之時，血氣未定，戒之在鬥。」是故吾家子孫，力戒酗酒。忍小忿，成大謀，行大勇。切勿親近惡少敗類、尋仇鬥狠。

第九條　毋忘本崇洋：近世以還，崇洋氾濫。須知身、家、國、民族為其一體，而不可或分者，亦即人之大本。吾家子孫，不可有忘本崇洋思想行動，如在某種不得已之情況下，而入外國籍，亦須保持吾中華固有之優良風尚習慣、語言、文字及祖宗之淵源。

第十條 毋入幫派：黑社會分子，為害人群。苟入其中，等於陷阱，任其驅使，為非作惡，眾所痛恨，法網難容。吾家子孫，對此視同蛇蠍虎狼，應予遠之，免遭禍害。

解讀

第一條：簡而言之，就是不能對父母不好。《孝經》中寫道，孝順父母，是天經地義的事，是做人的準則。子女必須孝順父母長輩，聽從他們的教誨，絕對不能做出違逆、傷害、遺棄父母的事情。家訓、家戒中均提到了孝敬父母，可見裴氏對於孝道是非常重視的。

第二條：不要辱沒祖先，也就是說不要做有辱家風，讓祖先蒙羞的事情。慎重追尋，水有源，木有本，這是人倫的根本。《詩經》中說：你能不追念你祖父文王的德行？如要追念你祖父文王的德行，你就得先修持你自己的德行，來延續他的德行。也就是說常常懷念你的祖先，講述和修行他的德行。所以說為人子孫，應該修身明德，遵守正道，不敢為非作歹，不要侮辱祖先。

第三條：不要重男輕女。天下人人平等，不分男女，無論貴賤。身為父母長輩，千萬不能有重男輕女的想法，在教育和生活方面，男女要一律平等。裴姓的女子不得嫁給他人作妾，也不可丟棄或溺死女嬰。在階級制度森嚴的封建社會，男尊女卑、重男輕女的現象是很普遍的，但裴氏作為一個大家族，卻能要求子孫後代如此做，也是難能可貴的。

第四條：賭博會讓人傾家蕩產，家風遭損，害處多多。家中長輩要以身作則，絕對不能參與賭博。嚴禁裴氏族人中的青少年沉溺於此，就連在一旁觀看都絕不允許，以防止其慢慢沾染上惡習。

第五條：千萬不要盜竊。君子雖然窮，但是不會拿別人的東西。清廉者不會接受侮辱性的施捨，有志之士不會喝偷來的泉水。裴姓子孫要明廉知恥，堂堂正正做人。

第六條：所有裴氏子弟，千萬不要貪戀女色，做出嫖娼或姦淫婦女之事。青年人一時把持不住，思淫蕩，縱慾傷身，將會終生後悔莫及；成年人染上嫖娼惡習，會家破財亡，一事無成，甚至於影響壽命。

第七條：不可吸食毒品，毒品危害性極大，有百害而無一利；如果染上這種惡習，肯定是傾家蕩產，貽害無窮，禍及子孫，親戚朋友也要遭殃受害，還可能會觸犯法律，受到政府的懲處。

第八條：不要酗酒鬥氣。適量喝一點酒，有利於身心健康，也是接待賓朋好友的必要禮節；但是，絕不能過度，因為醉酒後會做出一些敗壞道德的事情，耽誤工作，還會傷害身體健康。因此，要在有酒的場合，控制自己，適可而止。

第九條：近世以來，崇洋思想氾濫。裴姓人必須知道自身、家庭、國家、民族為一體，密不可分，這是為人處世的根本原則。裴氏子孫，不可有忘本崇洋的思想行為，如在某種不得已的情況下，而加入外國籍，也必須保持中華固有的優良風尚習慣、語言、文字並銘記祖宗之淵源。

第十條：社會複雜，經常會有各類幫派、黑社會分子引誘不明真相的人加入其中，危害人民。裴氏子孫如果一不留心成為這些幫派成員，就等於跌入陷阱，就會為非作歹，最終定會受到法律的制裁。因此，裴氏子孫一定要認真判斷，堅決遠離他們，不做禍害民眾之事。

第二話　賢相廉德傳家道

第一節　裴氏興盛的基因：儉以養德，廉潔自律

東漢順帝劉保永建初年，并州刺史、度遼將軍裴曄定居裴柏村後，裴氏家族的興盛就從這裡開始了。裴曄的兩個兒子裴羲、裴茂首為裴氏家族首登相位者。之後，裴茂的兒子裴潛、裴綰又都被拜為宰相，裴潛的兒子裴秀、裴頠又出任宰相。這一時期，裴氏西眷裴羲的孫子裴楷和他的兒子裴憲也走上了宰相的位置。看來裴柏村真是個風水寶地，自裴羲任相後一發不可收拾，兄弟父子簪纓相連，沒有斷代空缺，擔任宰相的就有八位之多，裴氏進入家族發展的第一個高峰。姑且稱之為裴氏前後五十九位宰相的「先驅」吧。

「先驅」之裴潛

「先驅」的作用不僅在於奠定了裴氏家族成為名門望族的基礎，更為重要的是確立了優秀家風的核心標準。這些宰相們除了優秀的政治才能外，還有一個共同的特徵，

那就是為官清廉，克勤克儉。從卑微小吏到位極人臣都始終堅持簡樸的生活，儉以養廉伴隨一路升遷，逐步形成一種優秀素養的基因，開啟了裴氏家族優秀家風家教的傳承之路。

被尊為裴氏三祖之一的裴潛就是其中的典型代表。裴潛在政治生涯中先後擔任過代郡太守、兗州刺史、荊州刺史等封疆大吏，晚年回到京城擔任尚書令、光祿大夫等重要職務。其準確的判斷能力和有勇有謀的軍事才能，都有很多的事蹟，我們暫且不談，這裡只說說他對自己恪守清廉、嚴格律己的事。

當時，官員的俸祿十分微薄，大多數官員都有著沉重的家庭負擔，各項花費致使官員負擔沉重，心照不宣地接受「灰色收入」成為一種常態，貪腐行徑也很常見。而裴潛卻以廉潔之名貫徹始終，比起一場戰役的勝利，一件了不起的政績，一輩子堅持簡樸，尤其是成為高官貴族後仍然如舊，更是難能可貴。

在建安年間，裴潛因為傑出的軍事才能受到曹操器重，升遷頻繁，所到之處他都恪盡職守、正直清廉。為了不增加當地百姓的負擔，他「每之官，不將妻子」，就是從不帶家眷去享受地方長官的榮耀厚待。他也很少能顧及家中老小，家裡常常因為得不到他的錢財，日子過得異常艱難，妻子為了補貼家用，不得不靠替別人編織藜芘賺取一點微薄的收入。裴潛在山東兗州擔任刺史時，不想讓公家多破費，自己親手做了一把叫做「胡床」的躺椅，這大概是他唯一奢侈的物品吧。到了卸任離開時，他絲毫沒有想要帶走這個其實不值一提的「奢侈品」，而是把它掛在了房間的柱子上，留給後任。梁簡文帝蕭綱以「不學胡威絹，寧掛裴潛床」來警示朝臣；唐代大詩人李白也寫詩讚嘆道：「去時無一物，東壁掛胡床。」

裴潛因為卓越的政治才能和清廉正氣，使得官職不斷升遷，從吏部尚書同平章事到被嘉封為清陽亭侯，後來又擔任尚書令，位極人臣，嚴厲儉樸的家風卻始終沒有變化，「風神高邁，見者肅然起敬」。他的父親陽吉平侯裴茂，這位「退休」宰相也沒有享受什麼特殊的待遇，仍然常常坐著寒酸的薄輦穿梭在京師長安的大街上，讓無數追求奢華的官員無地自容。他的幾個弟弟出入辦事也常常是步行，很少坐車。裴潛就更簡樸了，甚至有史書記載，他一家大小一天只吃一頓飯。我們不知道史書記載是否準確真實，但起碼說明裴潛清廉簡樸的生活習慣在當時已經是深入人心了。直到去世，他對於自己的最後待遇標準，依然是「簡葬」。兒子裴秀遵從父親的遺訓，只在墓穴中放了一個棺材底座，幾件瓦器，其餘一無所有。「貞侯」的謚號再一次褒獎了裴潛一生清廉、一身正氣，讓人無比感嘆。

裴潛影響深遠

良好的品行家風也得到了回報，裴潛的親身示範，深深影響著裴氏的後人。他的兒子裴秀，由於良好的出身和家教，從小就表現出了過人之處，被稱為「後進領袖有裴秀」，後來勳德茂著，一直做到尚書令、左光祿大夫，並且對中國古代地圖繪製學做出了重大貢獻，為河東裴氏家族在西晉的迅速崛起產生了極為重要的作用。

晉朝末期，天下已經大亂，司空王浚自領尚書令，任命裴潛的姪子裴憲擔任尚書，迫於時局，裴憲勉強答應，當時，貪腐盛行，但他始終與父輩們一樣嚴於律己，清廉的名聲傳播在外。隨著王浚政權日漸殘暴，個人稱帝野心日漸暴露，永嘉末年終為石勒所破，貪官汙吏們一時驚慌失措，忙著前去謝罪行賄，只有裴憲十分淡然地待在家裡。石勒派人清查王浚官僚親屬家產時，發現這些人皆到了「貲至鉅萬」的地步，而查到裴憲家中時，只有區區書本百餘帙，鹽米各十數斛而已。石勒知道後感嘆：「果然名不虛傳啊！」

魏晉之後，歷經南北朝直到唐代，社會動盪不安，裴氏家族也沒有倖免於難，逐漸失去了在西晉的顯赫地位。因為奸臣陷害、戰死疆場等原因，裴氏後人發展得並不順利，家族一度走到了谷底。但克勤克儉、廉潔立身的家風祖訓已經深深融入了裴氏族人的血液之中，成為這個家族發展無可取代的潛在能量，並且一直在傳承和發揚，直到隋唐時期裴氏家族再度興起，乃至後世始終發揮著巨大的作用。

清廉家風保持興盛

人們驚嘆於裴氏家族公侯將相數以千計，千年望族榮顯的時候，總會忍不住詢問這個傳奇家族如此興盛發達的「基因」是什麼？廉潔自律應該被奉為根本吧。否則，無論有多大的才能，誰願用你、誰敢用你！裴氏的先賢們也許就是這樣想的，如果自己因為勞苦功高而一再放鬆標準要求，理所當然地貪圖享受，怎麼會有甘守清廉、艱苦奮進的子孫！沒有廉潔自律，豈能讓家族一直保持興盛發達呢！

沒有堅持清醒自立、清廉家風的後果是嚴重的，有反面的例子。唐代開國宰相裴寂是整個唐王朝享受待遇最好的大臣之一，與唐高祖李淵同進御膳，同坐御座，榮華顯要不必多說；而他的晚年卻是十分悲慘，最終被流放邊遠，客死他鄉。除了權力鬥爭的原因外，與他沒有儉以養德，引起朝臣嫉恨，想必也是有一定關聯的。唐玄宗時期，他的曾孫裴景仙當了武強縣令，在任期間索取當地百姓的各類財物高達五千餘匹。唐玄宗得知此案後大為震怒，下令要將這個大貪官「集眾杖殺」。可見縱使家族背景再雄厚、功勞再大，忘記清廉之本終究會害己蒙羞，貽禍後人。按照裴氏家訓，裴景仙肯定是進不了裴氏祖墳了，但他的事更堅定了裴氏清廉家風的傳承，也算是一個反面教材吧。

廉不言貧、勤不道苦，裴潛等裴氏先祖的立命修身之道，成為裴氏後人學習的楷模，並由此進一步奠定了裴氏家族成為千百年來的名門望族的根基。裴氏家風由此綿延，不斷作為世人的榜樣。

第二節　從「獨立使君」的偶像，看裴氏家風的傳承

人們談起裴氏家風家教故事，肯定會提起一個人，那就是大名鼎鼎的「獨立使君」裴俠。裴俠的故事是裴氏家傳家訓中的經典，千百年來為世人所慨嘆，不知當了多少廉吏清官的楷模。然而，裴俠也是有自己的偶像的，他的先祖、三國曹魏時代的清廉宰相裴潛就是他畢生仰慕的人。

榜樣的力量無窮

裴俠時時處處認真學習裴潛的為人處世之道，終生以此為榜樣，鞭策自己做先祖那樣的人。《北史．裴俠傳》中說，這位後來既英勇善戰又謀略過人的正直廉臣，竟然到了七歲還不會說話，某日忽然開口講話了，很快就表現出「志識聰慧，有異常童」的一面。除了良好的家庭教育、先輩們的典範激勵外真的再想不出別的原因了。

北魏正光年間，裴俠被提升為左中郎將，在他準備跟隨魏帝西遷時，決定把妻子

仍然留在東郡。他的朋友勸他：「天下正亂，為什麼不回到妻子身邊，慢慢地選擇棲身之地呢？」裴俠說：「既食人祿，寧以妻子易圖也？」榜樣的力量如此，裴俠和他的偶像裴潛終究是做出了一樣的選擇。

奉公無私，忠於職守的裴俠，從來不缺上司的賞識，依靠才能和品行一路升遷。有一年，他已經做到了河北郡太守，比起以前朝廷給的待遇已經很好了，有三十名漁夫和獵人負責為他打魚打獵，改善伙食，三十名兵丁供他差遣為他服務，這些前任太守們都心安理得享受的待遇，卻讓裴俠如坐針氈，他說：「為滿足自己的口腹需求去役使別人，我實在不願意這樣做啊！」

於是，裴俠上任第一件改革除弊的事，就是取消了這些待遇。菽、麥、鹽菜成為他的日常主食選項，菽是大豆、大豆葉子；麥是麥粒蒸煮的粗食，是難以下嚥的飯食；鹽菜，鹹菜而已。這幾樣寒酸的東西都是窮人為了餬口才吃的，可見他所治理的老百姓還很貧苦，可見他不願意優於百姓獨自享受的情懷，可見他愛民如子的決心。而節儉下來的費用，裴俠全部用來置買官馬，直到馬匹成群，裴俠又該赴任新的職位了。走的時候一如來的時候，揮一揮衣袖不帶走一片雲彩，這樣的官員百姓怎能不愛戴！雁過留聲，人過留名，裴俠留下的是讚歌：「肥鮮不食，丁庸不取。裴公貞惠，為世規矩。」直到今天，歌聲猶在感召著後人，始終為世人仰止。

廉潔奉公，勤勉敬業

清廉作風成為裴俠的立身之本，而清慎奉公更使奸吏聞風而泣。裴俠上任戶部中大夫後，發現有些看守倉庫的官吏監守自盜，侵吞貪汙的財物成千累萬、怵目驚心，於是，果斷出手整治，嚴格查辦，只花了短短幾十天工夫，就把戶部的貪官汙吏一網打盡，一時震驚朝野，聲名遠播。不久後他轉任工部中大夫，有一個替大司空掌管錢財的人叫李貴，聽到裴俠要來上任的消息，竟然恐極而泣，有人問他為什麼哭泣，他說：「我所掌管的公物，很多被我用掉了。裴公以清廉嚴厲出名，我是逃不過被他治罪責罰了，因為害怕和後悔而哭泣啊！」最後，這位叫李貴的「內鬼」，終於鼓起勇氣去找裴俠自首，主動承認貪汙錢五百萬的事實，表示甘願領罪。

裴俠的勤勉敬業也是有故事的。有一次他患重病臥床難起，同僚和親友都很擔憂。清晨的時候，他忽然聽到譙樓上打五更鼓的聲音，一驚之下立即爬起來，對左右的人說：「我是不是該到府衙去工作了？」病痛竟然好了許多。

晉公宇文護聽後說：「裴俠的病如此危重，而不忘憂慮國事，僅僅是聽到鼓聲疾病便立即痊癒，這是上天在護佑他的勤奮和恪守職責啊！」

裴俠的後代、中興名相裴度得到了一個極高的讚譽叫「全德始終」，殊不知他的先輩裴俠已經為他做出了表率，做到了「清廉始終」。晚年時，裴俠已是蜚聲朝野、身居高位。有一次司空許國公宇文貴、小司空北海公申徽，一起奉旨去裴俠的家探病，驚訝地看到這位朝廷重臣居住的房子竟然殘破漏風，無法抵擋霜雪寒冷的侵襲，不由為之震撼而感動不已！回去稟告孝閔帝後，皇帝也非常感嘆竟然有大臣如此清貧節儉，下旨要替裴俠蓋房子並賞賜良田、奴隸、農具、糧食等，而裴俠得知後都一一謝絕了。

《貞侯潛傳》

為了不斷激勵自己，也讓裴氏的子孫後代們學習和仿效先祖，把優良的家風傳承下去，裴俠撰寫了自己的九世伯祖裴潛清廉自守的「事蹟史料」——《貞侯潛傳》。並定下了「凡貪官汙吏者，死後禁入祖墳」的嚴訓。他把文章抄寫了許多份，不但要求裴家後代們認真學習，還大量分送給宗室貴族中的知名人士，廣為宣傳。

裴俠的族弟裴伯鳳、裴世彥當時都在丞相府任職，笑著對他說：「人生入仕為官，無非是想讓生活豐裕，名聲顯赫，您這樣清苦，又是何苦呢？」

裴俠答道：「清廉是為官的根本，節儉是立身的基礎。何況我們裴姓是大姓，世世代代都有美譽，所以能被朝廷稱道和重用，並流芳於文章冊籍。現在我僥倖以平庸的才能蒙受朝廷的殊遇，堅持過清貧的生活，不是希名求譽，而在於自我修省，害怕辱沒了祖先，反被世人嘲笑，這又有什麼不應該呢！」同為裴氏後人差距如此之大，一番話說得二人自慚形穢，滿面羞愧離去。

榜樣能做到的，裴俠也做到了，而且自己也成長為他人的榜樣。有一次裴俠與各郡的太守們一起拜謁大權在握的丞相宇文泰。宇文泰讓裴俠單獨站在一邊，對其他太守說：「裴俠清廉謹慎，奉公守法，堪稱天下第一。有誰自認為能比得上他，就站過來吧！」

眾人都默然不語，沒有人敢應聲。自此朝野上下都十分嘆服，「獨立使君」的美名也流傳千古，成為更多人學習仿效的楷模。

裴俠去世後，被贈官太子少師、蒲州刺史，謚號為「貞」；而他的偶像裴潛去世後被追封太常，諡號「貞侯」。歷史就是這麼奇妙，三百多年後裴氏家族的兩位清官廉吏的身後評價就這樣巧合了。實際上，裴氏家族得到「貞」字諡號的還有裴良、裴詢、裴仲規、裴子野、裴佶、裴遵慶、裴確等，共有九人之多。我們也由此看到了裴氏家風一脈傳承的路徑，忽隱忽現地顯示著裴氏家族上下二千年間，豪傑俊邁、名卿賢相興盛不絕的傳奇密碼。

第三節　裴度乾乾淨淨的「交際圈」

裴度，一生經歷了唐朝代宗、德宗、順宗、憲宗、穆宗、敬宗、文宗七朝，史稱七朝元老。在憲宗、穆宗、敬宗、文宗四朝任宰相，「威望德業」二十年之久，被贊為唐代宰相之中「推度為首」。不過，要知道即使如此「全德而終」的好宰相也是凡人，也不乏七情六慾，也有個人追求業餘喜好，當然也有不少好友知己，講講宰相裴度結交朋友的故事也許對後人大有借鑑。

與賢臣摯友相交

安史之亂後的唐帝國積重難返，朝廷氣氛很不正常，德宗李適對大臣充滿猜忌，派了許多執金吾（率禁兵保衛京城和宮城的官員）暗中活躍於京城的各個角落，大臣們什麼舉動都會被密報於他，朝中人人自危，以致不敢亂議朝政，更不敢在自己家中會見賓客。一直到憲宗時期裴度輔佐朝政，當時亂臣逆賊尚未誅除，急需要廣泛結交奇才能士，共商破賊計謀，裴度於是奏請在宰相私宅接見賓客，憲宗准奏。從此他的家就成了天下賢才俊傑為國家獻計出謀的場所。這算是裴度建立的一個工作「交際圈」吧。

裴度也有興趣取向的交際圈。他很喜歡詩歌作品，處理公務之暇，常與詩人白居易、韓愈、劉禹錫、張籍等相聚暢談，放聲吟唱，借吟詩、飲酒、彈琴、書法娛樂。當時的名士，都相從交遊。每次有名望的人士從東都返回京都，文宗必定首先詢問他：「你見到了裴度嗎？」

無論在長安還是東都洛陽，裴度的家總會成為文人相聚的中心，心底無私乾淨正派，無人不敬重。與志趣相投的人在一起，他已不是什麼名相，而是普通的朋友。「元和中興」的出現也帶來了繼盛唐之後的又一個詩歌巔峰，身為一代名臣中興宰相裴度，是為關鍵人物之一。政治上的光輝並沒有掩蓋其文學上的成就，《全唐詩》輯其詩十八首，獨編為一卷，《全唐文》載其文三十篇，在唐代鼎盛的文學史上留下重重一筆。可謂，集賢臣成就大業，聚摯友也作華章。

跟元稹的故事

裴度也在不斷淨化著他的交際圈。說說他和元稹的故事吧。元稹聰明機智過人，早有才名，與白居易同科及第，並共同倡導了新樂府運動，留給世人「曾經滄海難為水，除卻巫山不是雲」的千古佳句。

裴度和元稹很早就相識了。元和四年春，元稹奉命出使劍南東川。初登官場，意氣風發，一心為民，報效國家，遂大膽劾奏不法官吏，平反許多冤案，得到民眾的歡迎和讚譽。這些舉動觸犯了朝中舊官僚階層及藩鎮陣營的利益，很快他們就找個機會將元稹外遣東都洛陽。同一年，裴度也因為「密疏論權幸，語切忤旨」離開京都長安，赴任河南府功曹。兩人同路前往東都洛陽，都是因為剛正不阿，蔑視權貴，反對宦官被貶，想必一路上兩人說了不少痛貶時事、惺惺相惜的話。後來，元稹僅僅因為不願讓出館驛的上等房間這一件小事，就被宦官仇士良用馬鞭抽到鮮血直流。更為冤枉的是，元稹反而被唐憲宗以「元稹輕樹威，失憲臣體」為由，貶為江陵府士曹參軍。此時，仍可見元稹疾惡如仇，寧違聖意，不與汙流的剛直品格。

困頓州郡十餘年的貶謫生活後，元稹的仕途忽然變得十分順利，不斷地得到擢升，甚至到了「一日之中，三家新命」的地步，在不到兩年的時間內，由一個七品小官攀升至宰相。雖有眾多原因，但他違背初衷結交宦官，僥倖得位的行為卻終為世人不齒。那個意氣風發、一心報國的正直文人就此消失，而裴度和他的友誼隨即再也不見了。裴度甚至冒著很大的政治風險寫過一篇著名的〈論元稹魏弘簡奸狀疏〉，向皇帝揭發元稹等奸臣的種種劣行，道不同不相為謀，朋友自然也是當不下去了。

不與奸佞為伍

宦官專權，是唐代後期政治腐敗的重要原因。許多朝臣為了取得皇帝的信任，暗中巴結，在宦官面前低聲下氣，就連當朝宰相李逢吉，包括著名詩人元稹也是如此。裴度秉公執政，不避權貴，常在一些朝政事務上，反對和打擊宦官勢力。寧受排擠，也堅持不與奸佞為伍！

平定淮西戰亂時，裴度力排眾議，請命督軍，發現一眾宦官擔任各路討伐軍監軍使，這些依仗朝廷之勢，不懂裝懂的宦官們，對軍務之事加以干涉，進退由不得主將。勝利了搶先邀功，打敗了推卸責任。這件事情展現了裴度正直無私的品性，他絲毫不怕得罪這一權勢派系，上書唐憲宗李純撤銷了討伐淮西各軍的宦官監軍使。眾官兵歡呼雀躍，對裴度心服口服，將領們自然和他推心置腹，以友相待，最終成功討伐逆賊、平定淮西。然而畢竟是得罪了宦官，面對部下的擔心，裴度坦然道：「人無志，非人也。何為志？依我之見，志者，社稷之安，百姓之福也！」個人得失又算得了什麼。

昭義之變，宦官劉承偕仗著他是太后的乾兒子和皇上對他的寵信犯下重罪，如何處置？朝臣們一個個裝聾作啞，不置可否。唯有裴度直言上書：「正是陛下任使不明，才致劉承偕亂法如此，為緩解當下危急，應集三軍斬之！」並當著穆宗李恆的面怒斥了為他說情的官員們。其時，宦官勢力正盛，裴度的話舉座皆驚，暗自感嘆其正義和勇氣。裴度每一次受排擠、打擊，其實都直接、間接地與宦官有關。即便如此，面對有些宦官懾於其威望和影響有意結交，他卻始終不卑不亢，拒絕了送上門的有用「朋友」。

古人云，「益者三友，損者三友」，「君子周而不比，小人比而不周」。每一個人成長和奮鬥的路上都會有朋友相伴，結交什麼樣的朋友一定會左右前行的方向、影響美德的堅持與傳承。裴度一生功勳卓著，留下正直廉臣千古美名。他一生慎交友、交良友，團結而不勾結，唯品性才能正義而絕不容忍奸佞小人惡行，始終乾乾淨淨的「交際圈」，值得我們每一個人深思與學習。

第四節　好家風於細微處築起防火牆

有一句話叫「針孔大的洞，進斗大的風」。古人有話：「賄道一開，輾轉滋甚，鞭靴不已，必及衣裘；衣裘不已，必及幣帛；幣帛不已，必及車輿；車輿不已，必及金璧。」看到了吧，小節上不拘，將來一定大節難保。螻蟻之穴，可潰千里之堤就是這個道理。

當小的誘惑找上門來的時候，考驗你的時候就到了。有的人會告誡自己「就這一次」，有人會做主張「小事無所謂，大原則我不會變」，有人會自我安慰「大家不都是這樣，怕什麼」，林林總總有很多的理由慫恿著打開這個針孔大的洞，後果可想而知。可是也有很多人會果斷拒絕，因為他們所接受的是正確的教育薰陶，明白「小者大之漸，微者著之萌」的道理。裴氏家風就有著這樣的作用，如同一種神祕的力量，如同從最初時、從最小處建起的防火牆，護佑著子孫後代們始終心如明鏡，不染纖塵，不為小利所動，不為小利所害。

裴寬瘞鹿

讓我們看看裴寬瘞鹿的故事吧。唐代名臣裴寬在初任潤州參軍時，有一個準備尋求他的協助的人送來一些鹿肉，大概是怕他拒絕，放下東西就匆匆離去，家僕喜滋滋地來稟報，裴寬忙問：「誰送的？人呢？」

家僕道：「來人說就一點點的鹿肉，放下就走了。」

裴寬立刻對家僕說：「你把鹿肉拖到後面的菜園裡去。」

家僕把鹿肉拖到菜園後，只見裴寬已經挖好了一個土坑。家僕問：「大人這是做什麼，大人不吃鹿肉？」

裴寬說：「不是不吃，而是這鹿肉太好吃了，趕快把鹿肉埋了。」家僕說：「大人，又不是多貴重的東西，既然鹿肉太好吃，埋了多可惜啊！」

裴寬搖搖頭說：「就是因為太好吃了，我快忍不住了，趕快埋了。」

僕人哪裡明白他的意思，認為大人一定是瘋掉了，大嘆可惜。此時，刺史韋詵正和家人登樓觀景，看到了這一幕，覺得很奇怪，忙問左右才知道是裴寬的家宅。於是把裴寬叫來詢問。裴寬對韋詵說：「不知是誰送了我一些鹿肉，雖然不是很貴重，也沒有外人看到，也無法歸還。可是我不敢自欺欺人，只有馬上把它處理掉了，我才能心安啊！」

韋詵說：「既然禮物不重，又是如此美味，不把它吃掉豈不可惜？」

裴寬說：「欲者，鉤也。我發誓不收受賄賂以玷汙家門，我怎能違背自己所說的話，自己上鉤呢？」正所謂「不敢自欺」。韋詵方才明白裴寬的用意，不由點頭稱讚。

韋詵越想越覺得能這樣做實在值得欽佩，於是對這位「疏瘦而長，形如鸛雀」的屬下青睞有加，真正看到了裴寬人性的亮點，認定他一定前途無量。於是推薦他任按察判官，不久又將自己的愛女許配給裴寬為妻。事實證明，韋詵的眼光不錯，裴氏夫婦果然白首偕老。裴寬也一路堅持不敢自欺的原則，不附權貴，忠於職守、清正廉潔、政聲卓著。他由蒲州刺史升任太原尹的時候，唐玄宗曾賦詩贈之：「德比岱雲布，心如晉水清。」給予了他相當高的評價。良好的家風家教猶如護航利器，陪伴裴寬從小廉吏做到名揚後世的大清官。

裴休、裴坦小節保清廉

晚唐時期一代名相裴休初到長安時，一直保持著低調和樸素的處世和生活習慣，仍身著麻衣，輕車簡從。他居住的長安永寧坊還住著幾位顯赫的鄰居，其中一位是一代名將金吾將軍張直方，另一位則氏蘭陵郡王張仲武之子。有一天，裴休登門拜訪張直方，受到了熱情接待，宴席之豐盛、規格之高使他心裡非常不安。雖然第二天張直方在朝中對裴休大加讚賞，但裴休卻因此不再登張直方的大門，即使張直方屢次請他赴宴也推辭不去。因為他覺得這樣奢侈的場合自己不應該去，張直方的過分讚賞也會為自己帶來口舌之禍。一向跋扈的張直方在此事上卻表現得非常大度，不但不怪罪裴休，反而主動向朝廷推薦裴休。可見謹言慎行、注重小節總是受人敬佩的。

還有另一位宰相裴坦的故事。當時，裴休已經是宰相，不知道什麼原因很看不起裴坦，曾經不顧親戚的情面拒絕推薦提拔。但是，裴坦後來還是坐到了宰相的職位上，裴氏優良家風依然完美展現在他身上。唐代晚期，世家大族奢靡成風，裴坦一直保持著清廉儉樸的生活。一天，他去看望新婚的兒子兒媳，新娘子是大官僚楊收的女兒，楊收生活奢靡，愛擺排場的行為早讓裴坦深為不滿。當他發現陪嫁的物品非常之多，非常奢華，連茶臺上用來盛放果品的小盤子都雕刻著魚和犀牛等精美的圖案，大為惱火，喝斥道：「你們這樣是敗壞了我家的門風啊！」說完推倒茶臺拂袖而去，並把其他嫁妝都退了回去。後來，楊收果然因接受別人的賄賂被朝廷免去了官職，而裴坦嚴格自律的事蹟被廣為傳揚。而唐昭宗每每聽到咸通年間裴坦注重小節、清正廉潔的事情，就會整理好衣冠，起身肅立，以表尊敬。

裴坦的這種家風也得到了良好的傳承，後來他的姪子裴贄官至中書侍郎、同中書門下平章事，也當上了宰相。當時已是大唐帝國分崩離析，走向滅亡的時期，權宦當道，貪腐成風，唯有裴贄像一股清風行走在朝堂。就連唐昭宗都曾經十分懷疑裴贄只是表面上嚴謹廉潔而私底下奢靡，可是馬上就有人向昭宗說明情況，說裴贄是咸通時大臣裴坦的姪子，很有其叔父的風範，他只是因為把很遠的親戚都聚在一起同住，家裡人又多又雜，進出沒有節制，所以才顯得像個有氣勢的大戶人家。防火牆在這時又發揮了很好的保護作用，而這面牆就是裴氏家族傳承的優良家風，裴矩、裴贄們都牢記在心且做到了。

人生處處有誘惑，貪欲者自上鉤。積羽沉舟，君子禁微。如果不對別人都覺得無所謂的「小誘惑」警覺嚴拒，隨著職位的升遷，權力的擴大，那些接踵而來的變著花樣的「大誘惑」能不能拒絕就很難說了。「一篙鬆勁退千尋」，任何時候都要嚴字當頭，視小節如大節，一旦突破了「初次」的防線，輕視了小節的重要，一定會門戶漸開，腳底不穩，墜入深淵就是遲早的事了。

第五節　心懷百姓公而無私，裴耀卿的為政之道

裴耀卿，史書上稱之為盛世名相。為唐王朝開元天寶一代盛世立下了汗馬功勞，堪稱中流砥柱。

神童成名相

裴耀卿在父親裴守珍以及裴氏家風的教導薰陶下，五歲就能提筆著文，八歲神童擢第。良好的家風傳統造就了他的正直品格和廣闊胸懷，敏而好學也讓他的能力不斷加強。弱冠授祕書省正字，俄補相王府典籤。當時的相王李旦即位睿宗，裴耀卿被任命為國子監主簿，檢校詹事府丞。後歷河南府士曹參軍，進考功員外郎，除右司、兵部二郎中等多個職位。憑藉他超人的才能得到了唐睿宗李旦、唐玄宗李隆基的賞識，歷經錘鍊也逐漸形成公道正派、愛惜百姓、善理財政、志在薦賢的為政之道，成就了一生建功立業，成為一代名相的傳奇仕途。

裴耀卿成為宰相之前，在多個地方擔任主要官員。每到一個地方，他都會結合當

地的實際情況，為百姓謀福利。開元初年，在唐玄宗的受命下，裴耀卿成為唐朝國都長安令。主政天子腳下，為他施展政治抱負提供了更大的舞臺。當時，長安實行的是「配戶和市」制度，官府下達徵購條令，把需要採購的物品分派給每戶。然而購買的價格實際上遠遠低於市價，有的人家沒有官府要的物資，只好向富庶的人家購買，貧苦百姓根本負擔不起。徵購之時也成為百姓絕望之日，在官府高壓之下，不得不借高利貸來應付，京城的奸商們藉機大放高利貸撈取厚利，老百姓不堪重負，苦不堪言。天子腳下又怎樣？多年重症頑疾卻沒有人敢下猛藥，也許老百姓的嘆息他們聽不到吧，還是因為他們的升遷根本不需要百姓的聲音。

然而，這絕不是裴耀卿的為政理念，他一到任就高舉改革之劍，下令把原來分派給貧民的任務都轉到了富戶頭上，並且商定好價格，預先付錢，讓富戶和商家也有合理的利潤。人民的怨恨迎刃而解，長安百姓無不感激涕零，奸商們悻悻收回了他們的貪婪之手，官府採購也變得方便輕鬆多了，而朝中官吏無不心悅誠服。他任長安令兩年，百姓得以休養生息，社會秩序井然，一派安居樂業景象。到他離任時，人們依依不捨，十分感念這位敢做會做的清官。

直言諫皇帝

開元十三年，裴耀卿初任濟州刺史。這一年，適逢國值「開元盛世」，玄宗前往泰山封禪。陪同的有文武百官、皇親國戚和外邦客使，隊伍浩浩蕩蕩，風光無限。封禪大典儀仗隊前的馬隊，就以各種顏色的一千匹馬作為一個方隊，交錯排列，遠遠望去就像彩雲繡錦，可見規模陣勢之大，盛況奢靡空前。

玄宗皇帝自詡為一代明君，炫耀自己偉大功績的心態可見一斑。而濟州是前往泰山的必經之地，這是多麼好的逢迎帝心、歌功頌德的機會啊！然而，裴耀卿卻沒有驚擾老百姓，獻上的禮物僅僅是當地的名產——柿餅，還特意有點不合時宜地上書玄宗「人或重擾，則不足以告成」，說皇上啊，封禪大典如果太擾民的話，向上天報告國政的成功就不完美了啊！玄宗深感其愛惜百姓心意，稱讚道：「不勞人以市恩，真良吏矣！」還說要把這句話作為座右銘，常常警誡自己。可見不唯上、不為私，心繫百姓才是君臣世人都能接受遵從的為政理念。

還是封禪這一年秋天，「秋大水，河堤壞決，諸郡有聞，皆俟詔到，莫敢興役，害既滋甚，功無已時。」氾濫的洪水沖垮了濟州以及附近各州的許多堤壩，已經嚴重威脅到沿岸百姓的生命財產安全。由於治理河道是巨大的工程，責任重大並且審批程序煩瑣，沿黃諸州刺史都不敢擅自開工修築河堤，只是消極等待皇帝詔書。因為規定就是這樣的，刺史們都知道沒有得到朝廷的批覆前就動工有可能會被處罰，如果被別有用心的政敵抓住把柄參劾一本，豈不是大大影響前程。這時，只有裴耀卿毫無顧忌地站了出來，堅定地說：「不動工築堤，不是至公。」眼看見災害肆虐卻不趕緊制止，這是為政一方「父母官」的應有作為嗎！奉公守職的訓誡你們都忘記了嗎！於是，裴耀卿果斷召集濟州的官吏百姓，馬上開工修堤補壩，並且親自駐守在工地上監督指揮。

軍民因為有刺史親自駐守工地萬分感動，工程進展得很快。就在這時候，裴耀卿接到了朝廷調他擔任宣州刺史的詔書，他非常擔心，萬一接任自己的官員也如其他地方一樣非要等到朝廷的命令，否則不敢繼續施工，豈不是前功盡棄了嗎？遭殃的還是老百姓啊！他決定不顧要他趕緊到職的催促，把詔書悄悄壓下，更加勤勉地監工督促，加快工程的速度，直到堤壩竣工後，才向大家宣布了自己調任的事。面對這樣的「父母官」，百姓們自然發自肺腑地愛戴和感激，不僅刻石立碑頌揚他的功德，還留下了不為私利、有擔當，一心為民的千古佳話。

漕運工程造福百姓

裴耀卿從政以來就這樣踏踏實實不辱使命為國分擔，一心無私為民分憂。開元二十一年，時任京兆尹的裴耀卿再一次展現了他經邦濟世的非凡才能，在玄宗皇帝面對長安大饑荒一籌莫展之時，獻上他已籌劃多年的改善漕運、布局糧倉的良策。漕運方案實施後效果顯著，不但緩解了當時的危急情況，而且為唐王朝乃至後來數百年經濟發展和社會穩定都發揮了舉足輕重的作用。漕運的作用後來越來越顯著，三年時間就為長安地區積蓄了七百萬石糧食，同時節約運費三十萬貫。這時有屬下建議：「把這些錢獻給皇帝吧，應該讓聖上知道你的功績啊！」

裴耀卿說：「這些錢財本來就是國家的，我怎麼可以用它來邀功求寵呢，絕不可以！」此事後，裴耀卿被任命為黃門侍郎、同中書門下平章事，充江淮都轉運使。當上宰相位極人臣，裴耀卿的政治理想和文人抱負已經取得了極大的成功。但他的為政之道沒有絲毫改變與懈怠，高尚的品格反而更加清澈。

以上幾個小故事，我們能夠清晰地感受到裴耀卿堅持一生的為政之道。如同受他恩惠的百姓、忠誠維護的國家、畢生維護的正義，公道明理自在人心。

第六節　清風凜然，大公無私——裴氏宰相的人才觀

裴氏家族做到宰相的先後有五十九人之多，其餘將軍、刺史、封疆大吏等更是眾多。身居高位為國家選拔人才，分清良惡，擢拔才能，貶抑庸劣，乃是職責所在。唯有正大光明，清風凜然，才能使皇帝大臣折服。讓我們看看他們是怎麼做的。

量才而用，不敢有私

史料記載，裴垍做相，嚴明法治，考課吏績，器局峻整，人不敢干以私。意思是說，裴垍為官正派，從不做受請託受賄之事，同朝官員知其脾氣秉性都不敢輕易去找他謀官辦私事。而偏偏有個朋友不信這個，竟然說：「我和別人不一樣啊，以我們多年交情，他會給我面子的！」於是專程到京城來拜訪裴垍。

有朋自遠方來不亦樂乎！裴垍設酒款待，重禮相待，歡談敘舊，氣氛十分融洽，朋友趕緊趁機提出了自己的要求：「我也為官多年，清廉有名，口碑尚可，我想去做

京府判司，不算違反你的規矩吧。」

沒想到，酒杯未落裴垍就立刻予以拒絕：「你確實有才能、有政績，然而這個職位不適合你，我裴垍可不敢因為私交而破壞國家的法度。」

朋友以為他只是官居高位，打官腔而已，仍不死心，繼續打友情牌：「你我好友多年，我的要求也不算過分，你如今貴為宰相，難道就不能為朋友辦一點事嗎？」

聽到這些，裴垍回答得更乾脆了：「他日有瞎眼的宰相憐公者，不妨得也，垍則必不可。」裴垍這麼說，也是這麼做的。他所推薦的李絳、崔群、韋貫之、裴度、李夷簡等人後來都相繼做了宰相，不辜負期望成為一代名臣。可見他知人善任，選人用人之獨到、之無私、之精明、之不負眾望。他執政時期朝無奸佞，百業漸興，出現唐後期少有的清明時期。

唯才是舉，舉親不避

開元二十一年，關中久雨，長安發生饑荒。唐玄宗接受宰相裴耀卿的建議疏通漕運，徵調江淮糧賦，以充實關中，並讓他兼任江淮轉運使，主持漕運事宜。為了不負重託，裴耀卿推薦同為裴氏族人的裴寬為戶部侍郎，擔任副手協助自己辦理漕運。裴寬入仕從政以來廉明清正、剛直不阿、嚴格執法，「裴寬瘞鹿」的美名早已傳播天下。後來，事實證明裴寬果然不辱使命。每一天經他手裡出入的錢財數以萬貫計，他始終一塵不染，不貪一分一毫。玄宗皇帝曾賦詩褒獎其人品：「德比岱雲布，心如晉水清。」一片公心才能沒有用私之嫌，唯才是舉自然光明磊落。

不結幫派，反對權奸

裴度堅持治理國家要任用賢才。憲宗元和十三年，他極力反對任用「掊克取媚」的皇甫鎛為宰相。裴度為將相二十餘年，薦引過李德裕、李宗閔、韓愈等名士，重用過李光顏、李朔等名將，還保護過劉禹錫等，但從不薦引無才的親友為官。在唐朝後期，朝官結為朋黨相互援濟的情況下，他不拉幫結派，反對權奸，堅持唯才是舉，展現的正是他的公正廉明、無私正直之處。

還有唐肅宗時期，宦官李輔國權傾朝野，宰相及朝中大臣想見皇帝都需經過李輔國的安排，皇帝的詔書也需要李輔國的署名才能施行，群臣不敢提出不同意見。阿諛奉承、趨炎附勢的官員也越來越多，形成了一股很大的勢力。宰相裴冕等正直之臣無不憂心忡忡。李輔國的野心也隨之與日俱增，開始覬覦宰相的位置。他多次暗示裴冕等向肅宗舉薦他，可是裴冕始終不置可否。當另一位宰相蕭華私下詢問他的意見時，裴冕斷然道：「我根本就沒有推薦他的打算，可以砍斷我的臂膀，他想當宰相絕對不行！」在當時的形勢下，能堅守這樣的態度是何等的勇氣與決絕。後來同樣未支持李輔國的宰相蕭華果然被逼罷相，裴冕也屢遭排擠陷害，然初衷不改，一再與強橫的權臣正面衝突。

唯德是從，德才並舉

裴垍不給好友面子，而裴耀卿冒著政治風險舉賢不避親，更有絕不做瞎眼宰相，寧可斷臂也不做違心之舉的裴冕，如果不是將職責使命高於一切，他們怎會做出如此斬釘截鐵、毫無私情的事情呢！可嘆，後世卻不缺乏以伯樂自居，結黨營私，網羅羽翼，提拔重用禍國殃民、腐化墮落官員的「瞎眼宰相」。

裴氏宰相們大公無私為國家選賢任能的品行氣節，為後人樹立了典範，成為裴氏家族贏得信任與尊重，不斷有機會報效國家的重要原因之一，更成為人們探尋總結裴氏優良家風世代相傳的重要因素。

第七節　人生何事須聚蓄——裴氏先賢的財富觀

裴氏家族自古為三晉望族，也是歷史上聲勢顯赫的名門大族。史書上說：「自秦漢以來，歷六朝而盛，至隋唐而盛極，五代以後，餘芳猶存。在上下二千年間，豪傑俊邁，名卿賢相，摩肩接踵，輝耀前史，茂郁如林，代有偉人，彪炳史冊。」其家族人物之盛，德業文章之隆，在歷史上堪稱絕無僅有。然而裴氏家族並沒有為子孫後代留下與「宰相村」、大家族相當的深宅大院和萬貫家財，看慣了以宏偉大院文化著稱的晉商習俗，祖先們為裴柏村留下的可見遺產甚至是寒酸的。裴氏的後人們卻很自豪，因為裴氏祖先們留下了真正珍貴的財富——自強不息的精神力量和修身自重的道德典範。

錢財永遠是一塊試金石，對它的認知態度取決於人的內在本質，更決定著一個人的精神追求。在清慎的裴氏家風浸染下，很多裴氏族人都展露出了雖崇尚節儉卻氣勢如虹的人生風範，培養出一代又一代廉潔自律、德業並舉的優秀代表人物，這與他們清廉守紀、注重根本、著眼長遠的財富觀密不可分。

絕不以鴻都之事仰累清風

北齊時期，裴昭明在很多地方做過官，都留下了勤勉清廉的好名聲。他有一段非常著名的話，表明了他的財富觀：「人生何事須聚蓄，一身之外，亦復何須？子孫若不才，我聚彼散；若能自立，則不如一經。」所以，他一輩子都不經營會賺錢的產業，對財富無比淡漠，把名聲看得比什麼都重要。在他出任長沙郡丞，到快要離職時，刺史王蘊對他說：「你一向這麼清貧，一定沒有回去的路費。如果有人送禮給你要謀求官職，我是不會管的。」

裴昭明的回答是：「豈以鴻都之事仰累清風！」意思是：怎能因為賣官鬻爵的事情連累清正的名聲呢。

還有一次裴昭明在地方任職期滿回到都城，貧困得幾乎一無所有。齊世祖說：「裴昭明罷職回來，清貧到連住的地方也沒有。我不太熟悉歷史，不知道古人中有誰能和他相比？」這不又是一個「獨立使君」嗎！可見「官到貧時方為清」，成為很多裴氏族人為官從政的信條標準。

身心安穩則道德昌隆

裴文舉，齊公宇文憲剛建立幕府任其為司錄。宇文憲出使劍南，又任裴文舉為總管府中郎。武成二年，任使持節、車騎大將軍、儀同三司。蜀地田地肥沃，經商會有百倍的利益，有人勸他藉機求利，他回答說：「利益中最貴重的，不如身心安穩，身心安穩則道德昌隆，遠非財貨可比。我不孜孜求利，不是厭惡財富。」

宇文憲可憐裴文舉的貧窮，常想資助他，他總是推辭，拒絕的多，接受的少。保定三年，遷任絳州刺史。他的父親裴邃曾任正平郡太守，始終以廉潔簡約自守。每次視察春耕，了解民俗，都是單車獨騎。裴文舉到絳州任上，完全遵循父親的做法，百姓都讚美他並受他的感化。道德的力量是無形的，也是巨大的，韋孝寬對他十分敬重，以致每次與他談論時都會不知不覺地移座到他面前。

看淡財富，成就大事

裴行儉率軍抗擊突厥軍隊的戰鬥，成為唐代歷史上輝煌的一筆，更成就了不朽的功業。有一次，皇帝賞賜他駿馬及珍貴的馬鞍，令使送去給他時跑得太急，結果馬跌倒還摔壞了馬鞍，令使心裡害怕，只好逃走了。裴行儉派人把他找回來，對他們說：「你想錯了，怎麼能這樣小看我？」他依然像以前那樣對待他。

擊敗阿使那都支後，繳獲了一個兩尺多寬的瑪瑙盤，裴行儉讓軍吏王休烈拿出來供將士們觀賞。王休烈上臺階的時候，不慎跌倒把盤子摔碎了，他驚恐萬分連連叩頭請罪。裴行儉笑著說：「你又不是故意摔破的，用不著這麼害怕。」沒有表現出絲毫惋惜之情。唐高宗將從阿使那都支那裡繳獲的財產金器三千多件賜給了裴行儉，另外還有與金器價值相當的各類牲畜，裴行儉通通分給了親戚朋友和下屬將士，幾天之內就全部分完了。

不為金錢所累造就高潔品行

辛相裴度二十四世孫裴盛，出身詩禮之家，天生聰穎，八歲入鄉校，明宣德元年中舉，只做過訓導、教諭之類的小官。宣德元年，他赴省試寓瓊臺時，有一位八十餘歲的失明老僧，暗中託他將八十五兩白金帶給肇慶天寧寺僧官。當白金如數送達時，僧官拒收並驚詫道：「我們二十多年沒見了，而且期間毫無音信，都不知他是死是活，怎麼還有送金之事呢？」裴盛最終還是堅持交給他，說：「受人之託，安可負之？」僧官非常感慨，這般看淡錢財信守承諾的人簡直是太難得了！得知風塵僕僕的裴盛是自崖州跋涉趕考的學子，僧官便自願拿出一半的白金作為感謝，為他補充一點盤纏，裴盛力辭不受。同一年，在廣東鄉試中裴盛一躍中舉，人們都說這是「信義致金」所獲的報答。

裴盛後來在平凡的職位上，做了很多興學助教、紓解民困的好事，晚年歸鄉後自奉淡泊，瘁心民生，成為奉祀「鄉賢祠」的名賢之一。以高潔品行彰顯著裴氏優秀家風的無窮魅力。

裴氏家族中這樣的事例不勝列舉，還有宰相裴炎家「無儋石之儲」等故事至今傳為美談，這些事蹟不僅僅教導和激勵著裴氏後人，也成為更多有志之士學習的榜樣。後來，林則徐也曾說過和裴昭明類似的話：「子孫若如我，留錢有何用？賢而多財，則損其志；子孫不如我，留錢有何用？愚而多財，則增其過。」看來，先賢廉吏們的認知是一致的，子孫如果不才，累積再多的錢財也會被散盡。

為官者都知道「吏不畏吾嚴而畏吾廉」、「公生明廉生威」的道理。有了正確的財富觀，自然會有自覺廉、堅持廉、終身廉的自覺行為，才能在實現個人理想抱負的奮鬥路程上不為金錢所累，不成為金錢的奴隸。

第八節　裴矩「佞於隋而諍於唐」的啟示

初唐名臣裴矩「先佞後諍」，其變化過程值得深思。裴矩是裴氏家族龐大的宰相們之中一個奇怪而複雜的人物。歷仕北齊、北周、隋朝、唐朝等四朝，隋唐時期著名的政治家、外交家、戰略家、地理學家。

隋朝時他叫裴世矩，因為善於揣摩洞察隋煬帝楊廣的心思，並且不顧事情是否妥當，一味投其所好，留下了不好的名聲。到了唐代，為避唐太宗名諱而改名為裴矩。名字變了，性情也發生了徹底的逆轉，成了常常「犯顏直諫」的諍臣良相、清明朝政的護衛者。如此自相矛盾的複雜人生經歷，讓人疑惑不已。

當今我們研究弘揚裴氏家族的家風家訓，這種毀譽參半的事例也不應該排除在外，畢竟優良的家風家教也是在歷史長河中慢慢沉澱而來的，只有深入地研究和思考才能接近真相，懂得真諦。讓我們看看裴矩的變化究竟能帶給人們怎樣的啟示。

裴矩其人

裴矩到底是怎樣的一個人呢？還是讓我們從頭說起吧。他的爺爺裴佗是著名的清官，博學多才、為官公正、有為而清廉，非常關心百姓疾苦，經常把自己的俸祿捐獻出來，救濟窮苦百姓。老百姓也十分敬仰裴佗，甚至在他離任時成群結隊依依不捨地送他到邊界。裴佗一生不蓄家產，家裡僅有三十步大的宅院，夏不用傘蓋，冬不穿皮襖。裴矩的奶奶辛氏，也是一個偉大的女性。裴佗早逝後，悉心教育裴讓之、裴諏之、裴讞之、裴謀之、裴訥之、裴謁之兄弟六人。兄弟六人個個勤奮好學，精通詩文、富有才情，在事業上均有很高的成就。可惜，裴矩尚在襁褓之中，他的父親裴訥之就早早去世，伯父裴讓之承擔了撫養義務。

裴讓之以富於文才、伶俐善辯知名。歷仕東魏、北齊兩朝，官至中書舍人，頗有政績，且以詩文知名於世，常常因為秉公執法而得罪權貴。嚴教子孫、讀書明德、友愛兄弟、協和宗族、立身謹厚這些裴氏家風精髓都一一展現在裴矩的成長環境裡，在這樣的家庭環境中長大的裴矩也不負眾望，從小勤奮好學，文章華美，很早就因為博學而聲名遠播。由此，我們看到了裴矩的第一種面貌。

報效國家的忠臣良將

裴矩學有成而入仕了。他的祖輩父輩們，這些裴氏家風的優秀繼承者和開拓者，允送他的目光是溫暖的，更是充滿希望的。這位文武兼備的青年才俊，滿懷抱負又才能卓越，果然做過不少有益於國家的事情，尤其在外交策略、安定邊境方面立下載入史冊的功勳。

嶺南首秀

開皇十年，裴矩奉詔巡撫嶺南地區。他尚未啟程，便得到了江南作亂的消息，隋文帝正在為難之際，裴矩自告奮勇前去平定叛亂。在滿朝懷疑之中，這個文官靠著沿途招募的三千士卒，一舉平定二十餘州，並在戰後的安撫工作中表現突出，既安定了邊境，又進一步擴大了國家的版圖，充分展現了他卓越的軍事才能、過人的見識與才幹。才能首秀大獲成功，因為安定嶺南之功，被冊封聞喜縣公，並任命為民部侍郎，後又改任內史侍郎，從此成為楊隋政權的重要人物。

討伐突厥展現

平定嶺南不久，當時強盛的突厥多次侵犯隋朝邊境，隋文帝任命裴矩為長史隨軍出征討伐。這一次，裴矩開始展露出類拔萃的外交才能和謀略手段。在兵馬並不強壯的情況下，沒有單純依靠軍事行動，而是結合實際狀況，充分使用謀略，挑唆突厥人互相攻殺，令草原帝國突厥實力大損，並使突厥從此分為東西兩部，直到唐中期滅亡。裴矩的這些政策獲得的一些效果，不僅保障了絲綢之路暢通，加強了中原和西域的往來，還使河西走廊成為隋唐時期中西貿易的集散地。很多年以後，唐朝的輝煌發展直接得益於裴矩的這一傑出成就。回京後裴矩任尚書左丞，後改任吏部侍郎，以稱職聞名。

經略西域

隨著邊境開始安寧、絲綢之路的通暢，西域各國都集中到張掖開展商貿活動。這時對裴矩影響極大的隋煬帝楊廣繼位了，大業初年，裴矩奉新皇帝的命令去監管互市。裴矩依然是心懷抱負，他並沒有止於監管互市的單一職責，又做了一件非常了不起的事情。到達張掖後，裴矩詳細了解了西域的風俗人情和山川險要，撰成對西域地區進行系統研究的重要成果——《西域圖記》。

《西域圖記》原書三卷，記載了西域四十四國山川地理、物產名稱、風俗人情，特別是標明了所有的關塞險要等軍事重點，並繪有地圖。在這些情報的幫助下，大業五年，楊廣率領大軍親征吐谷渾，擴地五千里。稍後薛世雄進軍伊吾，在漢時的舊城東面修築新伊吾，裴矩同往經略，鞏固隋王朝與西域諸國的關係。

在隋王朝與吐谷渾、西突厥的鬥爭中，裴矩運用一系列外交和軍事手段，最終達到了讓吐谷渾、西突厥歸附的目的。裴矩以國家為依託，政治、經濟、外交三管齊下，系統完備地經營西域，對隋王朝北部邊境的安定發揮了極大的作用。所以，有人評說在西域問題上，裴矩的歷史貢獻不亞於漢代的張騫。

裴矩制定實施的外交政策影響深遠，在世界各地享有盛名，甚至出現了介紹他的外文專著。

裴矩在隋朝後期的一系列舉止終於讓他背負上了奸佞之臣的名聲，他有了令人不齒的第二種面貌。

正言直諫的忠臣

裴矩歸降唐朝，我們又看到了他的第三種面貌。因為這次他所面對的君主是唐太宗李世民。李世民急切希望大臣講真話、說實話。面對虛心納諫、從善如流的唐太宗，裴矩變成了另一個人，敢正言直諫，甚至敢指出皇帝的錯誤。

唐太宗即位之初，知道許多官員常常收受賄賂，下定決心要懲治腐敗，於是想出了一招「釣魚執法」的妙計，暗中派人以財物行賄，引誘官員上鉤，然後殺一儆百。果然就有人上鉤，有一個司門令使的小官，接受了一匹絹，雖然其受賄的數額很小，但太宗還是勃然大怒，準備殺了這個小官員。裴矩義正詞嚴進諫說：「官員接受賄賂，確實應該嚴懲，但陛下使用財物試探他們，讓人落入犯法的陷阱，恐怕不符合『道之以德，齊之以禮』的聖訓。」

太宗覺得裴矩言之有理，欣然納諫，並褒獎他說：「裴矩能當官力爭，不看朕臉色行事；如果每件事都能如此，何愁天下不治！」這件事情之後，李世民就斷然拋棄了「陷人於法」的「釣魚執法」，下定了「以至誠治天下」的決心。正是由於唐太宗的這種表現，裴矩諫言的次數也越來越多，甚至常常「犯顏直諫」弄得太宗下不了臺。因為裴矩所諫之事大都有理有據，太宗非但沒有責備他，反而越來越器重他。裴矩的搖身一變，幾乎成了與魏徵齊名的諍臣。

裴矩在隋唐的不同表現，史學家司馬光在《資治通鑑》中這樣敘述：「古人有言，君明臣直。裴矩佞於隋而忠於唐，非其性之有變也。君惡聞其過，則諍化為佞；君樂聞其過，則佞化為諍。是知君者表也，臣者景也，表動輒景隨矣。」裴矩前後判若兩人並不矛盾，只是遇到不同的上級，做出不同的反應。因為上級處於主導與支配地位，如果沒有開明納諫的胸懷品德，正直的人也會變成奸佞小人；如果君主對真話喜聞樂見，哪會有奸佞小人的存在空間呢？

裴矩歷任四朝，靠著家族教育賦予他的才能，以圓滑的處世方式周旋於君王之間，也得到了同僚部屬的擁戴，每一次都能得到器重，總能在危急時刻化險為夷，看似十分成功；然而歷史是公正的，毫不客氣地指出其先佞後諍的事實。裴氏家族也許正是借鑑了這樣集正反兩面於一身鮮活典型的教訓，不斷引以為戒，才逐漸磨礪成金，最終形成優秀傑出的裴氏家風家教文化。

第三話　謙恭世家育英才

第一節　謹身節用，謙虛自牧的裴徽

裴氏一族，出了很多賢臣良將、才俊孝廉，他們或一枝獨秀，或世代相襲。俗話說，富不過三代，窮不過五服。雖然說的是窮富的規律，發展的道理，但世間萬物都會遵從某種規律，即有興必有衰，不可能永遠興盛，或總是衰敗。雖說河東裴氏也經歷了由盛到衰的過程，但其興盛期之漫長，可謂歷史上望族中的翹楚，且一門菁英，綿延數代。魏晉時期的裴徽一家即是其中的典型。

謙恭待人，善辯識才

裴徽，字文秀，生卒年不詳，聞喜裴氏族，魏晉時期的玄學家，士族出身，累官至吏部郎、冀州刺史、金紫光祿大夫。其父裴茂即是討伐董卓部將李傕，收復長安的功臣，官至尚書令。他的兒子裴潛、裴徽、裴輯、裴綰都是有作為的能臣良將。而裴徽才思清明，能釋玄虛，謙恭待人，善辯識才。

裴徽做吏部郎時，還不到二十歲的王弼拜訪他。（王弼，字輔嗣，三國曹魏山陽郡人，經學家、哲學家，魏晉玄學的主要代表人物之一。王弼「幼而察慧，年十餘，好老氏，通辯能言」。曾任尚書郎。少年有文名，二十四歲便英年早逝，但著作頗多，尤其精通老子思想的研究。王弼與何晏、夏侯玄等同倡玄學清談，為人高傲，「頗以所長笑人，故時為士君子所疾」。）年長王弼好多歲的裴徽仍對他以禮相待，虛心求教。

裴徽請教王弼有關玄學的問題，說：「『無』，固然是萬物的本源，歷代的聖人卻沒有提及，然而老子卻反覆地申明這一點，這是為什麼呢？」

王弼稍加思索，回答道：「聖人雖然體會到『無』這一觀點的存在，可是『無』卻是不能訓釋的，所以沒有進行論述。而老子在哲學上主張『有』的觀點，經常在論述『有』和『無』的關係時，強調前人在這方面的不足。」

王弼言罷，裴徽深以為是，非常賞識王弼的超人才華，認為他小小年紀便有如此見地，且學識豐厚，所以逢人便誇王弼，並予舉薦。王弼生前官至尚書郎。

循循善誘，耐心服人

裴徽不僅為人謙恭，還常為朋友析事明理，解決朋友間產生的矛盾。當時的玄學家荀粲、傅嘏因為學術問題經常爭論不休，各執己見，難以溝通和交流。裴徽見狀，便想辦法為他們居中調和，並且用心尋找他們之間的共同點，循循善誘，耐心說服。不久，荀粲、傅嘏終於能夠順利溝通，打消了不同門派之間的成見，成了共研學術的良友。

冀州安平的趙孔曜常對人稱讚裴徽，說他「才思清明，洞徹玄學」。這是因為趙孔曜深知裴徽為人處世講究方法，不僅循循善誘，還常提出一些問題，啟發對方，讓他們自己對人或事物形成認知。因為趙孔曜了解裴徽的優點，所以向他引薦了平原（今山東德州平原）人管輅。管輅是三國時期曹魏術士，字公明，正元初年，任少府丞。管輅「年八九歲，便喜仰觀星辰」。長大成人後，潛心鑽研，得以精通《周易》，更擅長卜筮、相術，尤其喜歡研究鳥語，相傳為人解釋鳥語鳴叫之意，每言則中，出神入化。管輅後來成為歷史上著名的術士，被後世奉為卜卦觀相者的祖師。他體格魁梧，生性寬厚，每逢性格狹促之人，常以德報怨。裴徽聽了趙孔曜對管輅的介紹，心中大喜，遂書信給管輅，邀請他擔任自己的文學從事。

一個炎熱的夏日，管輅經長途跋涉，終於趕至裴徽居所。兩人一見如故，相談甚歡，似有說不完的話題。因天氣炎熱，索性將睡榻搬到屋外，雄雞報曉時，兩人依舊談興甚濃。後來，裴徽升遷冀州刺史，便薦舉管輅為鉅鹿（今河北邢臺鉅鹿）治中從事，後又升為別駕從事史（別駕從事史又稱別駕從事，因其地位較高，刺史出巡轄境時，另乘驛車隨行），成為裴徽的左右手。不久，裴徽又推舉管輅為秀才。正元二年，管輅任少府丞。上任前，前來向裴徽辭行。裴徽點撥管輅說：「丁謐、鄧颺兩位尚書有治理國家的才能和方略，但是，他們卻不能洞察事物發展的方向和規律。何晏尚書考慮問題極細緻，連小節都可以關注到，而且很會說話，但是好聽的話不一定是真話，而真話卻不一定好聽。你與他們相處，一定要慎重對待，要有自己的主見啊！」

管輅深記裴徽此言，在任上與此三人相處謹言慎行。後來他對身邊人說：「聽裴冀州一席言，使我頭腦清醒，精神振奮，真是振聾發聵，深思而夜不能寐。不像與他人交談，即使是白晝，也使人昏昏欲睡。」

高瞻遠矚，洞察秋毫

丁謐、鄧颺、何晏皆為三國時期曹魏大臣、大將軍曹爽的親信，被合稱「臺中三狗」。曹爽是三國時期曹魏宗室、權臣、大司馬曹真之子。年少時以宗室身分出入宮中，為人謹慎持重。魏明帝曹叡即位後，即任他為散騎侍郎，累遷城門校尉，加散騎常侍，轉任武衛將軍；曹叡臥病時，拜曹爽為大將軍；齊王曹芳即位後，曹爽又被加為侍中，改封武安侯。曹爽原本謙虛謹慎，後來任用親信，專權亂政，侵吞財產，並一意孤行出兵伐蜀，造成國家財物虛耗，士兵死傷慘重。曹爽位高權重，驕橫跋扈，衣食住行竟然自比皇帝。

正始十年正月，司馬懿趁曹爽、曹羲兄弟陪同曹芳拜謁魏明帝高平陵時，發起政變，封閉洛陽城並占據曹爽和曹羲的軍營。曹爽最終向司馬懿投降，曹爽兄弟均被剝奪兵權，不久以謀反罪斬首，其黨羽丁謐、鄧颺、何晏等與曹爽兄弟一起被處死，誅滅三族。據《魏氏春秋》記載：高平陵之變發生後，司馬懿讓何晏參與審理曹爽等人的案子。何晏徹底查辦曹爽的黨羽，想要以此獲免。司馬懿說：「共有八族。」何晏細數了丁、鄧等七姓。司馬懿說：「還沒完。」何晏心中發虛，自知難逃一劫，最後無奈地說道：「難道是說我嗎？」司馬懿說：「正是！」於是何晏也被收押。正月初十，司馬懿以謀逆罪將何晏與曹爽等一同誅滅三族。

所以，高平陵之變後，管輅對裴徽當年的指點與提醒深表認同，充滿感激。可見裴徽高瞻遠矚，洞察秋毫，對人和事物以及未來的預見能力多麼高遠。令人惋惜的是，這麼一位能臣才俊，中年早亡，後朝廷封其為蘭陵公，諡號「武」。裴徽的言行舉止，與後來裴氏望族所總結歸納的「立身謹厚」的家訓如出一轍：「謹身節用，明刊孝經。武侯謹慎，昭若日星。厚德載福，寬讓能寧。謙虛自牧，喜怒不形。」

教育有方，子女皆才

裴徽有四個兒子，長子裴黎，字伯宗，官至游擊將軍；次子裴康，字仲豫，任徐州刺史、太子左衛率；三子裴楷，字叔則，歷任侍中、中書令、光祿大夫、開府；四子裴綽，字季舒，黃門侍郎，早卒，追贈長水校尉。裴徽的四個兒子，頗有其父風骨，無論宮廷市井、閭里軍中，皆因襲家風，又各有建樹。其中次子裴康，三子裴楷，是為一代名士。尤三子裴楷，年近弱冠，便遠近聞名。及長，成為敦厚持重的忠臣，輔佐社稷的榜樣，才氣名望最為時人敬重。

裴徽的孫輩雖不似祖父輩聲名顯赫，卻也是家風猶存，謹慎寬讓，人品才華皆十分優良。別人不表，單言裴徽四子裴綽的兒子裴遐、裴綽的孫女裴穆。

裴遐曾任散騎郎。他善談玄學，其道理精妙；言辭爽暢，如琴瑟和鳴。曾與河南名士郭象談論玄學，所言令在座之人無不嘆服。他深沉平和的性格，寬讓能寧的胸懷，深得大家的敬重。一次，裴遐在平東將軍周馥的官邸與人對弈，周馥的司馬酒醉後將裴遐拉倒在地。而裴遐竟不惱不怒，若無其事地回到棋盤前，冷靜如初，繼續圍城。所以，後來受到東海王司馬越器重，延請裴遐做太傅主簿。只可惜，裴遐後來被司馬越的兒子司馬毗害死。就此而言，其預見就不如祖父裴徽高遠，以致關鍵時刻不能趨吉避凶。

裴穆是裴遐的女兒，東海王司馬越之妻。當年司馬越參與討伐成都王司馬穎的戰役失利後，回到封國。晉懷帝即位後，謀士王導建議其移鎮建鄴。裴穆堅定支持王導的主張。在他們的共同努力下，江東士族的心態逐漸轉變，成為支持司馬氏政權的一股重要力量，從而開創了東晉的基業。由此可見，裴穆可謂秀外慧中，堪稱女中豪傑。

第二節　立志向善，做賢子孫的裴邃

裴氏家族將才輩出，北魏有裴良家族的「裴氏八虎」，南朝有裴邃家族的「裴門五虎」。雖在同一歷史時期，又各事其主，但都雄才大略，清正廉明，輔國安民，忠誠不二。一世英名，永載史冊。

成績顯著，被封「奉朝請」

裴邃，字深明，又字淵明。他是南北朝時期南朝梁名將，為驍騎將軍裴仲穆之子。祖父裴壽孫為南朝宋武帝劉裕的前軍長史。他的家族為三國時期曹魏襄州刺史裴綽的後代。裴邃一家從祖父裴壽孫那一代開始，寄居壽陽（今安徽壽縣）。

裴邃自幼勤奮好學，尤其精通文法，十歲時即能提筆成文，更能熟讀《左傳》，其作品今已散失，僅《全梁文》收錄有殘文兩篇。建武元年，豫州刺史蕭遙昌徵召裴邃進府為主簿，恰好蕭遙昌整修南朝劉宋時期所建的壽陽八公山廟，待到要在廟中立碑銘記修葺之事時，便命裴邃撰寫碑文，俟碑文擬就，眾人皆讚不絕口，大為讚賞。其文才尤其受到蕭遙昌的認可。裴邃後來被舉為秀才，在考試時成績優異，成為「奉朝請」。

「奉朝請」是古代給予優秀人才和閒散官吏的一種優惠待遇。古時春季拜見皇帝的朝見禮節稱為「朝」，秋季的朝見禮節稱為「請」。成為「奉朝請」後，便有了參加朝會的資格，實非官名。南朝齊永明年間，「奉朝請」曾多達六百餘人，並成為官號之一。

「身在曹營心在漢」

永泰元年，東昏侯蕭寶卷執政時，始安王蕭遙光擔任撫軍將軍、揚州刺史，因賞識裴邃的才能，便徵召裴邃擔任自己的幕僚。東昏侯蕭寶卷多疑猜忌，殘害忠良，因其暴虐無道，所以內亂頻發，國家瀕臨崩潰邊緣。永元元年，揚州刺史蕭遙光舉事反對東昏侯蕭寶卷的暴政，兵敗被殺，裴邃失去依靠，無奈回到壽陽。適逢豫州刺史裴叔業因遭朝廷猜忌，率軍投靠北魏，豫州的百姓和士族大家都被裴叔業牽連，裴邃因寄人籬下，只得與家人一起，隨著逃難的人北遷。但是北魏宣武帝元恪久聞裴邃名氣，十分器重他，任命裴邃為司徒屬、中書郎、魏郡太守。誰知裴邃「身在曹營心在漢」，雖身在北地，卻心在南國。他認為自己是中原貴族後裔，不願服侍北魏君主，日夜尋找回歸南朝的機會。

恰在此時，北魏朝廷派大將王肅前去鎮守壽陽，裴邃堅決請求隨行，同時祕密策劃南歸。但一直等到天監初年，裴邃才終於找到機會逃回梁，梁武帝蕭衍授給他諮議參軍一職。因裴邃屢次請求到邊境效力，於是又被任命為輔國將軍、廬江太守。當時北魏將軍呂頗率兵五萬突然進攻廬江郡，裴邃率領將士奮力抵禦，並用計謀擊敗呂頗，大獲全勝，因此戰後加職右軍將軍。

天監五年，裴邃奉命出征北魏邵陽州（今安徽鳳陽東北）。當時，北魏軍正在淮河上修建大橋以方便魏軍渡河作戰。裴邃步步為營，讓軍隊修築堡寨逼近大橋，屢戰屢勝。同時，裴邃令軍士工匠暗中製造堅固龐大的「沒突艦」，以在水上作戰時撞沉北魏軍戰船。這時恰逢多雨季節，淮河水位暴漲，裴邃率軍乘船抵達大橋一側，北魏軍見梁軍的龐大艦船突至，以為天兵，驚懼四散。裴邃乘勝追擊，北魏軍大敗。裴邃率軍一鼓作氣，攻破羊石城（今江蘇揚州），殺守將元康。又攻破霍邱城，殺守將寧永仁。連克小峴（在安徽含山北縣）、合肥，屢建奇功。因裴邃戰功卓著，得封夷陵縣子爵，賞食邑三百戶，後又調任冠軍長史、廣陵太守。

不懼受誣告，主動請戰立功

裴邃到廣陵任太守後，與鄉人一起赴魏武帝曹操的廟中參拜。在廟中，大家談論起有關帝王功業的話題。不料，這事被裴邃妻子的外甥王篆之知道後，密奏梁武帝蕭衍，說：「裴邃口出狂言，有不服朝廷的嫌疑。」梁武帝聽信王篆之誣告，將裴邃降職為始安太守。

但裴邃立志建功邊陲，不願擔任閒職，無所事事，便寫信給領軍將軍、散騎常侍呂僧珍，傾訴內心的鬱悶說：「過去阮咸、顏延二人文章冠世，所以並稱為『二始』，我的才能不及古人，現在成為三始，每日著文立說，可是這並不是我的心願，該怎麼辦呢？」所以，裴邃拖延著不想去始安（今廣西桂林）。

此時恰逢北魏進攻宿預（今江蘇宿遷東南），朝廷便命裴邃率軍抵禦。裴邃進軍至直瀆（今江蘇南京郊外），北魏軍隊聽說是裴邃前來應敵，聞風喪膽。裴邃大軍未到，北魏軍隊便先行撤退了。班師回朝後，裴邃任諮議參軍及豫章王蕭綜的司馬，率所部駐守石頭城（今江蘇南京）。後又調任竟陵太守，在竟陵（今湖北天門）任職期間開荒屯田，官府及百姓均蒙其利。因政績顯著，調任游擊將軍、朱衣直閣，入值殿省。不久後擔任假節、明威將軍、西戎校尉及北梁州、秦州刺史。在此任內，裴邃雖然沒有採取任何軍事行動，但北魏軍隊懾於他的威名，不敢輕舉妄動。於是形成了南北朝間相對和平穩定的局面。

裴邃在此又屯田數千頃，使糧儲豐滿、倉廩殷實，既免去了朝廷向邊境輸送糧草的麻煩，又使當地官民得以安居。當地百姓感念裴邃的政德，於是眾人相約獻餉絹一千多匹，裴邃堅拒道：「為官一任，就應造福一方，理所當然。你們不應該這樣做啊！但是我又不能辜負你們的好意。」於是，只收絹二匹。因裴邃政績卓著，安邊有功，不久便上調回京，入朝任給事中、雲騎將軍、朱衣直閣將軍，後遷任大匠卿。

屢戰屢勝

梁武帝普通二年，義州刺史文僧明叛降北魏。梁武帝任命裴邃為假節、信武將軍，統率諸軍討伐。義州平定後，裴邃被任命為持節、督北徐州諸軍事、信武將軍、北徐州刺史，但未到任，又轉督豫州、北豫州、霍州等三州，任豫州刺史，鎮守合肥。

普通四年，裴邃升任宣毅將軍。同年，梁武帝派軍北伐，裴邃統帥諸軍，先率騎兵三千攻襲壽陽。同年九月，裴邃趁夜趕到壽陽，進攻壽陽外城，破關而入，一日交戰九個回合。後軍將領蔡秀成迷失道路而未趕到，裴邃因援兵未至而撤軍。裴邃撤軍後，又整肅兵馬，命令諸將以不同的服裝相互區別職務、級別，裴邃自己身著黃袍騎上戰馬，一舉攻破狄丘、甓城、黎漿等城，轉戰安成、馬頭、沙陵等城堡。同年冬，裴邃命軍士修復芍陂（今安徽壽縣南）城池。

普通五年，裴邃繼續攻破北魏新蔡郡，拓境至鄭城及汝水、潁水一帶，當地人相繼歸附。鎮守壽陽的北魏將領長孫稚及北魏河間王元琛率眾五萬，出城挑戰，裴邃將軍隊分成四路，嚴陣以待。裴邃命直閣將軍李祖憐佯敗，長孫稚率全軍追擊，此時，四支兵馬競相衝殺，北魏軍大敗，一萬多人被殺。長孫稚等人敗逃，閉城自守，不敢再出。

同年五月，裴邃在軍中突然病逝。梁武帝追贈其為侍中、左衛將軍，賜謚號「烈」，並晉爵為夷陵侯，賜給鼓吹一部，增邑七百戶。

裴邃一生深沉而有謀略，為政寬明，能得軍心，將吏皆敬畏他，很少人敢犯法。

他死後，淮水、肥水流域的百姓都為他流淚。大家都認為，如果裴邃不死，即使是北魏都城洛陽也不難攻下。

「裴門五虎」

裴邃的兒子和姪子裴之禮、裴之高、裴之平、裴之橫、裴之悌，身為將門後代，亦皆具文韜武略，名冠群雄，人稱之為「裴門五虎」。

裴之禮，字子義。裴邃的兒子，他容貌俊美，善談玄理。任職顯耀，屢任將軍、刺史，曾是太子蕭寶卷的左衛率，兼衛尉卿，後轉任少府卿。他去世後，謚號「壯」。

裴之高，字如山。裴邃兄長中散大夫裴髦的兒子。少年有為，胸懷壯志。跟隨叔父裴邃四處征戰，屢立戰功。參與平復侯景之亂，傳說當時裴之高的六弟裴之悌正在侯景軍中，伺機刺殺了叛將侯景。裴之高去世時七十三歲，朝廷追贈侍中、儀同三司，賜鼓吹一部，謚號「恭」。

裴之平，字如原。裴之高的五弟。他少年倜儻，胸有大略。梁元帝承聖年間，因抗拒侯景有功，任散騎常侍、太子詹事。南朝陳永定年間，朝廷任命他為光祿大夫、慈訓宮衛尉。但裴之平認為自己是前朝舊臣，所以堅辭不就。入陳十年而拒絕為官，保住了忠臣不事二主的名節。天康元年，裴之平去世，謚號「僖子」。

裴之横，字如嶽。裴之高十三弟。年輕時喜愛交友遊玩，義氣沖天。曾參加平復侯景和陸納的叛亂，後在對抗北齊軍隊時，戰死沙場，年四十一歲。朝廷追贈他為侍中、司空，謚號「忠壯」。

裴邃一門子弟，皆功成名就，承擔著輔佐社稷的重任，並與南梁共存亡，真是應了「將門有將」的俗話。

第三節　厚德載福，昭若日星的裴漼

裴氏一族，子襲父蔭，兩代才華出眾，謙恭內斂，又剛直不阿，秉公行事為人稱道，其中以裴漼和他的父親裴琰之最為正直、果敢、睿智。

裴琰之辨案

裴琰之二十歲的時候，就已經是同州（今陝西渭南大荔）司戶參軍。因其年少，加之容貌俊美，許多人既輕視他，又嫉妒他。認為他年少而缺乏歷練，視其貌美，又覺得一定會浮誇處事。加之裴琰之每天以玩樂為主，不及時處理公文。同州刺史譙國公李崇義很不高興，便去詢問戶佐，戶佐說：「司戶是大家的孩子，恐怕不善於處理公文。」

過了數日，李崇義對裴琰之說：「同州的公務繁忙，司戶的工作尤為突出。你何不另外謀求一個京城裡的官職，沒有必要滯留在這裡。」

裴琰之聽了，不好說什麼，只能點頭稱是。又過了數日，司戶應該辦理的公文堆積如山。大家偷偷議論，認為裴琰之不會撰寫公文，只會玩樂。後來李崇義召見裴琰之，嚴厲地告訴他說，要請示朝廷將他免職。

裴琰之從李崇義處出來問戶佐：「有多少公文案卷？」戶佐回答說：「需要緊急處理的有二百多份。」

裴琰之說：「我以為有多少呢，刺史大人竟用如此口氣逼迫人！」

他讓戶佐在每件等待處理的案卷後面附上十張紙，又命令五、六個書吏替他研墨點筆。左右之人見他如此吩咐，雖心中不快，也只好勉強去做了。

裴琰之不聽公文案卷中事情的過程和細枝末節，只讓主辦案卷的人員彙報事情的大致情況。他邊聽邊倚著柱子看案卷，一目十行，分析裁決迅疾而又清晰公正，寫斷案文書時奮筆疾書，如行雲流水，公文詞意奔放，文筆華美。書吏們不停地摺紙研墨，還是趕不上裴琰之的書寫速度。他的手幾乎沒有停下的時候，寫完的公文紙箋如雪片般紛紛落下。州府的官員都趕來了，圍觀之人聚集得像一堵牆，驚異讚嘆聲此起彼落。裴琰之處理積案不捨晝夜，當日上三竿時，累積了數年的陳年舊案已被他處理完畢。

處理完的公文案卷送到李崇義那裡，李崇義一開始還問：「司戶會處理公文嗎？」

戶佐說：「司戶手筆太高了！」

李崇義仍然不知道裴琰之的奇異才能。等到他看了四、五十卷，發現裴琰之的詞句用語非常精彩。李崇義驚嘆不已，又是自責，又是懊悔，將裴琰之找來說：「你的文采如此好，為何要自隱才華，以致造成我埋沒人才的過失呢？」

當天，裴琰之的聲名就傳遍全州，他的超人才能，因此事不脛而走，盡人皆知。後來，裴琰之日斷百案的奇聞被人們編成故事口口相傳。大家在對他的才華嘖嘖稱奇的同時，送給他一個「霹靂手」的美稱。

裴琰之初露頭角後，升任永平（今河北永平）縣令。在永平，裴琰之僅牛刀小試，便如魚得水，將永平的政務處理得井然有序，百姓安居樂業。因此，地方士紳與百姓將他的功績鐫刻在石碑上，以使他的德行流芳千古。

五十歲裴漼進士

不幸的是，裴琰之在擔任倉部郎中後，沒多久便得了重病，不能理政，只能在家休養。而裴漼為了照顧父親的飲食起居，不肯外出為官，十數年中不求仕進。直到父親去世，處理完一切後事，裴漼才參加朝廷明經進士的考試。明經和進士，都是唐代科舉考試的科目。在唐代的貢舉諸科中，以明經、進士兩科規模最大，最受當時社會的高度重視。當時流傳的俗語「三十老明經，五十少進士」，一語道破了考進士科的難度。意思是說，三十歲的讀書人能考取明經科，就算是年齡偏大了；而五十歲的人考取進士，從年齡上來說，還算是年輕的。所以，以裴漼的年齡能考中進士實屬不易。之後，裴漼出任陳留（今河南開封）主簿，後又改遷監察御史。

當時，朝廷的吏部由崔湜、鄭愔主管，二人利用職權貪贓枉法，被御史李尚隱上表彈劾。朝廷命裴漼協同李尚隱一起辦案。但是，安樂公主及權貴上官昭容等與崔湜、鄭愔結黨營私，交往甚密，自然會袒護二人。裴漼不畏強權，一身正氣，主持正義，將崔湜、鄭愔按律治罪，二人遂被朝廷貶謫。裴漼不畏權貴、秉公執法的舉動得到了人們的讚許，一時間美名傳遍朝野。

裴漼憑著自己的正直、果敢、睿智，沒有花太多時間便走上了中書舍人的位置。

為民眾利益上疏進諫

太極元年，唐睿宗李旦動用大批工匠為逝去的金仙、玉真兩位公主建造道觀及寺廟。這一年正好遇到春天大旱，百姓本就苦不堪言，朝廷依然大興土木。

裴漼看在眼裡，急在心上，緊急向皇帝上疏進諫。裴漼說：「春夏不要召集民眾大舉勞役、大興土木，這樣會耽誤農事。而且讓百姓勞累過度，就會得病以致發生瘟疫。人間之所以會發生旱災水災，就說明上天在告誡我們辦事不可操切。今自冬徂春，一直缺少雨水，百姓心中焦慮，唯恐糧食歉收。陛下雖然體恤百姓，但長安和洛陽兩個都城的寺觀修建仍然在進行，老天降下旱災，就是因為大興土木。現在是春令時節，正是需要農人在田裡勞作的時候，這時大興土木，臣擔憂弊多利少。《春秋》所記載的莊公三十一年冬天少雨雪，認為是因為一年內連續三次修築高臺；《春秋》記載的僖公二十一年夏天大旱，是因為當時修建城池的南門，驅使人們勞役引發的。

皇帝時時以萬方百姓為念，為安國濟民，防微慮遠，懇請陛下明降詔旨，停止長安、洛陽的工程，停止向民間購買建築材料，這樣，百姓就能脫危解困。不然，貽誤了農事，百姓流離失所，寺觀建得再好，也補救不了百姓的飢寒交迫。」

睿宗李旦聽了裴漼的諫言，思忖再三，改變了主意，停止大興土木，不再勞民傷財。其後裴漼轉任兵部侍郎。

「立身謹厚」的榜樣

唐玄宗開元五年，裴漼任吏部侍郎，在數年的人才選拔中，他公正廉明，以國家利益為重，任人唯賢，使許多有才能，德行人品上乘的人，得到了為朝廷服務的機會。幾年後，裴漼任黃門侍郎，取代韋抗成為御史大夫。

張說擔任宰相之後，數次舉薦裴漼。這是因為裴漼與張說相識經年，相處間情投意合，對彼此有深入的了解。由於裴漼善於掌握奏章的尺度，詞句樸實而又有文采，常常以理服人，以情動人。所以，唐玄宗也十分器重裴漼。最後提拔裴漼為吏部尚書，不久又轉任太子賓客。

裴漼祖上一直遵循勤儉節約的生活原則。但因裴漼官居要職多年，雖自己生活簡樸，卻對妻妾的裝扮非常在意用心，並且經常為她們購置華麗高貴的服飾。這一點，被當時的人們所議論。

開元二十四年，裴漼以古稀高齡離世。唐玄宗為表彰裴漼對朝廷的卓越貢獻，追贈他禮部尚書，謚號「懿」。

古代的謚號制度中，將溫良恭儉讓稱為「懿」。這是朝廷對裴漼高尚人品的高度肯定。由此說來，「裴氏家訓」中「立身謹厚」的訓言最能詮釋裴漼的一生：「謹身節用，明刊孝經。武侯謹慎，昭若日星。厚德載福，寬讓能寧。謙虛自牧，喜怒不形。」

第四節　重道尊師，祭祀禮存的裴再興、裴泰

裴氏一族，注重家教家風的訓正、優良品德的傳承，並將這種立言立德的品行傳承於世者，不在少數。而金元兩朝間的裴再興和明朝的裴泰，就是率先垂範以身作則的典範。無論是裴再興重鐫「裴氏世譜碑」，還是裴泰上書請求奉祀「二程」——程顥、程頤兩位理學大師，並重修一代文宗韓愈與一代賢相魏徵的祠廟，都是對文化保護和傳承的實際行動。

裴再興重鐫「裴氏世譜碑」

裴再興，生卒年不詳。大約生活在金元兩朝。據說他是唐代文學家、政治家裴度的十三世孫。裴再興在元朝舉明經進士，任潞州（今山西長治）知事。

裴再興的族長府中珍藏著裴氏祖傳的家譜舊本，珍藏保密，不輕易示人。怎奈兵火連年，又屢遭盜賊，裴再興寢食難安，常常擔心家譜會遺失。經過深思熟慮，他邀請族內人士，與大家商議此事。裴再興說：「在裴柏村裴家祖墳旁邊，原本有一座

碑，是記錄裴氏家族譜系的，經風雨剝蝕，字跡漫漶。凡是看到這種景象的人，沒有不感到惋惜的。現在我想把我們家族的家譜重新刻在碑上，這不僅是為了延續族譜，謹肅正名，更是為了讓後人繼承家族風範，純正家族血脈，弘揚先祖們的輝煌業績，使我們的家族永垂不朽。想必族人不會不同意吧！」裴氏家族的人們聽了他的話，覺得這是一件大事，非常高興，願意鼎力支持他。

於是，大家請來遷到本村居住的彭城文士劉若虛，讓他撰寫〈裴氏世譜序〉，同時捐集銀兩，聘請技藝精湛的工匠，將《裴氏世譜》的正文刻在碑上，該碑鐫刻完畢的時間為金世宗大定十一年八月晦日，是為「裴氏世譜碑」。這通碑記載了裴氏得姓的來歷、始祖，以及各支族的始遷祖，歷代所出菁英人物，裴氏在諸姓中的地位等。雖歷近千年的朝代更迭，此碑至今仍然存留於裴氏宗祠內，與清代所刻的四通家譜碑相映生輝，昭示著裴氏家族二千六百餘年的光輝業績。

裴再興的兒子裴奕焜，為元代的明經進士。其孫裴盛，為明代的庠生。裴再興的弟弟裴再立，為元代的明經進士，任朝廷職方郎中。裴再興的族弟裴濟，字叔浩，是元代著名的儒士，為朝廷的將佐郎。元代中期，裴濟從咸寧（今湖北咸寧）回歸聞喜原籍。另一個族弟裴蒲，為金代的定遠大將軍。裴再興的姪兒裴奕燦，是當時著名的文學隱士，以孝行著稱於世。其族姪裴恭，為明代永樂年間的進士，任刑部郎中。在金元兩朝那個不太重視文化傳承的時代，裴再興重新鐫刻「裴氏世譜碑」之舉，可謂是裴氏後裔對裴氏家族良好遺風的延續，對裴氏文化的弘揚。現在看來，更是對文化傳承的有益之舉。裴再興重刻「裴氏世譜碑」之舉，也正應了《河東裴氏家訓》中「敬奉祖先」所言：「慎終追遠，木本水源。生事死葬，祭祀禮存。立志向善，做賢子孫。貽謀燕翼，勿忘祖恩。」

裴泰重視文教德化

裴泰，字道亨，山西靈石人。明朝景泰年間舉人，授官河北博野縣知縣。他為政完全以仁慈寬厚為出發點。不久，就升為定州知州。為了淳化社會風氣，裴泰特地設置一個《旌善記惡簿》，將屬地臣民善惡一併記錄，同時，嚴厲緝捕打擊盜賊。

正統十四年，明英宗朱祁鎮赴山西與瓦剌作戰。八月，明軍在懷來城外的土木堡全軍覆沒，英宗被瓦剌所俘。成為宋朝徽、欽二帝被俘故事的重演。國不能無君，在危難時刻，由皇太后做主，命英宗的弟弟朱祁鈺監國，又立英宗三歲的兒子朱見深為太子。

為贖回英宗，明朝搜盡財寶送給瓦剌。但瓦剌漫天要價、勒索無厭，只收錢不放人。兵部尚書于謙等人研究了宋朝二帝不能回歸的歷史，認為如果另立一位天子，瓦剌就無奇貨可居，會放棄了訛詐、勒索的念頭，反而是迎回英宗的好辦法。於是建議停止貢納，根據「國有長君，社稷之福」的古訓，提議朱祁鈺登大位。太后應允，英宗也從瓦剌營中捎來贊成的口信。於是，朱祁鈺正式登基，改號景泰，史稱景帝（明代宗），遙尊英宗為太上皇。太子依然是英宗的兒子朱見深。

一年後，英宗被迎回，景帝將他和太子朱見深幽禁在南城。景泰八年，景帝因耽於聲色，病危彌留之際，英宗奪門復辟，重新成為皇帝，改號天順。

也就是在土木堡之變前，大同前線缺少糧餉，戶部下令從定州民倉提糧搶運。因為戰事緊急，裴泰上書建議由紫荊關直接運往大同前線。雖然路途艱難，但距離卻接近許多，可解燃眉之急。朝廷採納了他的建議，從而確保了前線戰事的軍需。裴泰無論於任上還是在家中，對兒女子孫以及家族子裔皆言傳身教，以使兒孫恭崇聖人，重道尊師，良培天下，淳化民風。裴泰自己更是身體力行，以使優秀文化得以千秋萬代。他曾在博野上書請求祀奉「二程」——程顥、程頤兩位理學大師，以利於人們謹記對聖人的恭崇。裴泰還在定州（今河北定州）重修一代文宗韓愈與一代賢相魏徵兩公祠，將他們立為世人學習的榜樣。弘治二年裴泰卒於任上。裴泰之德行展現了《河東裴氏家訓》之「嚴教子孫」所言：「家庭教育，立人丕基。誨爾諄諄，性乃不移。謹信泛愛，重道尊師。傳子一經，金玉薄之。」

第五節　直臣雖善，發言有章的裴紹宗

裴氏一族中，生活在北魏的裴植命運多舛，遭人陷害，冤死無端之禍。說是無端之禍，卻也有來龍去脈。這就是因「禍從口出」。裴植平素驕橫狂縱，口無遮攔。每每遇到事情，順心便志得意滿；不如意，便心中怏怏。凡喜怒哀樂皆形於色，不像個沉著穩重之人，加上又自覺才情超人，所以更是目空一切，驕言狂語，得罪了當朝權臣，為其羅織罪名，以致落得身首異處，釀成千古奇冤。

而千年之後的裴氏後人裴紹宗，雖是廉能之吏，諍諫之臣，且人品德行遠在裴植之上，事為民所想，心為君所忠，清名一生，口碑相傳，最後也落得不能善終。所以，研究《河東裴氏家訓》，雖訓詞訓意相同，但環境不同，事件不同，就會衍生新的意境，有不同的感悟。

修建「通濟橋」

裴紹宗，字伯修，陝西渭南人。明正德十二年丁丑科第三甲第十四名進士。正德十三年任海門（今江蘇南通海門）知縣。在海門任職的三年期間，清廉明政，勤勉親民，政績顯著。為了方便百姓出行，裴紹宗召集人們於當時縣城的西南修建了一座木橋，取名「通濟橋」（現已不存）。明《嘉靖海門縣志》有對裴紹宗「宦跡」的介紹，稱因其十分愛民，在他離開的那一天，百姓聚集在他經過的路上，拉住他的轎子呼喊著，捨不得讓他走。《海門史志》上記載他和明代海門另一位勤政愛民的知縣趙幫秩並稱「裴趙」。

明武宗朱厚照到江南巡幸時，命他代理江都（今江蘇揚州）政事。江都為天下最富庶的地方，隨駕宦官張忠、江彬沿途以各種名義敲詐勒索，致使賄賂公行，請客送禮成風。裴紹宗到任後，拒絕送禮宴請。當地的權貴豪門非常怕他，原先因大行賄賂、鋪張浪費所形成的各種名目的開支，大為節省。據有人推算，說他每年為地方省下的銀兩以數萬計。

明世宗朱厚熜即位後，詔命裴紹宗任兵部兵科給事中。《明史》記載，裴紹宗上書世宗，請求效法明代列祖列宗的制度。奏書中寫道：「太祖皇帝的遺訓是完美的。譬如重用大臣，勤於上朝理政；親到田間視察，親手洗滌自己的衣服，並在宮中種蔬菜；戒奢崇儉，毀掉鏤金雕花御床，砸碎水晶漏；修造觀心亭，揭示《大學》豐厚的意蘊等等。陛下應當牢記這些祖訓和做法。幾位重臣尤其應該朝夕勸導教誨，來輔助培養聖上虛心納諫的美德。陛下每每親臨便殿，禮近文臣，使自己的耳目不被淫邪之徒蒙蔽，不被奸佞迷惑，陛下的心神才能純潔平靜，治理天下的大功才能告成。」世宗讚賞他的奏議，接受了他的建議，並遵照執行。

後來，世宗想為自己加上「興獻帝皇」的尊號，裴紹宗極力勸諫阻止，此事便被擱置下來。

諫言遭冤獄

明世宗嘉靖二年冬，天生異象，災變頻仍。朱厚熜左思右想，認為是自己無施德政，上天因此而降災。欲罪己自罰，便想中止次年的郊祀，並取消郊祀後慶賀的筵宴。從而乞求上蒼降恩，保佑大明王朝風調雨順，國泰民安。

裴紹宗得知世宗的想法後立刻上書諫言：「祭祀典禮中沒有比郊祀與泰山封禪更

重要的了。國君與群臣間的情感一定要透過宴飲來交流。過去曾因國家有危困之虞而廢止了郊祀和慶成宴，這反而不利於解決問題、鼓舞人心。所以，這次還需順應吉慶之禮，如期舉行郊祀，絕不可以因為天下有災害就又一次廢止郊祀！」脩撰官唐皋也堅持這種意見。他們的意見得到了眾大臣的贊同，郊祀最終得以進行。

嘉靖三年四月，朝中「大禮議」之爭愈演愈烈，裴紹宗屬於反對世宗尊生父為「皇考」的一派，他們認為世宗的做法有違祖制。歷史上漢哀帝、宋英宗都是作為旁支入繼大統，都因尊崇其生父為「皇考」而引起巨大爭論。七月十二日，世宗不顧反對派的非議，通知禮部十六日為父母上冊文、祭告天地、宗廟、社稷，群臣譁然。裴紹宗聞之直接入朝，直言相勸皇帝此事不可為。十五日，裴紹宗等二百二十九人，相約跪於左順門哭諫，世宗龍顏大怒，嚴令以「廷杖」重刑處治。結果，參與哭諫的大臣十七人被打死，一百三十四人被打入錦衣衛牢獄之中。

因被杖責至皮開肉綻，月餘後，裴紹宗死於牢獄之中。裴紹宗家境貧寒，死後竟不能入殮，喪事無法操辦。由於天下人對此事憤憤不平，並議論紛紛。隆慶元年，朝廷為裴紹宗等人平反昭雪，追贈裴紹宗為光祿寺少卿。

時人稱裴紹宗為「清官忠臣」。雖說忠臣直吏其心可嘉，其情可表，但若不能因事制宜、權衡輕重，則會帶給自己不必要的災禍，造成無可挽回的悲劇。當然，這是用現代觀點來評價古代官員之言行，倘若是為了朝廷、黎民百姓之利益，則可褒獎，若以帝王家事祖宗體制諫言獲罪，則不可取。但身處封建帝王時代，所有人都認為茲事體大，不得不嚴，裴紹宗等人，一代廉吏、能吏、諍臣，落得這個下場，不能繼續為國為民殫精竭慮，也能成為另一面歷史的明鑑。所以，此時再讀《河東裴氏家訓》中「慎重言語」的訓言「一言興邦，一言喪邦。圭玷可磨，言玷永傷。駟不及舌，語出須防。少說寡禍，發言有章，」就會從裴紹宗悲劇形成的原因出發，去理解感悟《河東裴氏家訓》了。

第六節　文治武功，以德輔仁的裴希度

一生文治武功，以德輔仁，政績卓然，百姓愛戴。致仕後教書育人，著書立說，以身立言，博得盛名者，當數陽曲裴希度。

裴希度，字晉卿，祖籍河東聞喜，後遷居陽曲（今山西陽曲）。明崇禎七年第三甲第一百六十二名進士。登科後，授堂邑縣（今江蘇六合）知縣。

勵精圖治

裴希度初到堂邑縣時，為了明志，他用毛筆大大地寫了「父母」兩字，貼在大堂正中上方，以表明他要當好「父母官」的心意。上任時，恰逢天下大旱，顆粒無收，飢民哀嚎，餓殍遍野。加上崇禎年間朝廷不穩，吏治腐敗，社會動盪，邊疆告急。朱由檢雖然想整肅吏治，興盛國祚，怎奈雖有雄心壯志，卻積重難返，無力回天。此時各地地方起義風起雲湧，堂邑百姓流離失所。

見此情景，裴希度心懷悲切，想方設法，多方安排糧食物品，安撫救援百姓。他命縣衙小吏每日在衙前煮粥賑濟百姓，被他救活的人成千上萬。為了鞏固城防，他身為一方知縣，動員百姓修補城牆，疏濬護城河，完全不聽信堪輿家「不宜動土」的勸告，加緊施工。即使身體有恙，他照樣身先士卒，毫無退意。

裴希度精心治理堂邑，分發耕牛和種子給貧苦農民，勸勉農耕。他廢止了當時的簽報制度，分發庫糧，以解民困。裴希度還革除了按戶為朝廷養馬的做法，集中於縣裡飼養，以解除百姓困擾，化解朝廷補貼不足的矛盾。這都是他在當地任職時的善政。

為官有方

裴希度在處理公務之餘，還常常讀經課士，使堂邑文風蔚起，風俗清淳。因政績突出，他被調為工部政事。不久，又提升為監察御史。

當時，李自成的地方起義軍已逼近京城，裴希度負責巡視京城南部防務。朝廷認為京城居民太多，糧草供應不足，為滿足城防官兵的供給，決定將陝西、山西、河南留居京城的百姓，通通驅逐出境。裴希度認為，此時將這些人們驅離京城，無異於將他們丟入水火，遂想法拖延，拒絕執行。同時加緊整頓保甲制度，想用以靜制動的辦法來消弭禍亂。

但是，李自成的起義軍聲勢浩大，長驅直入，大明王朝大勢已去。裴希度所做的各種努力，只是杯水車薪，無濟於事。不久，地方起義軍攻入太原，因裴希度在京為官，母親范氏和她的幾個妹妹害怕被李自成的起義軍殺害，都在陽曲投井自殺了。裴希度痛念母親不甘受辱的氣節，便把自己在太原的別墅改建為報恩寺。處理完母親的喪事，守孝三年後，他受清廷之命，巡視漕運。在此任上，裴希度清正廉明，公正執法，不畏權貴的威逼利誘，革除了猾胥奸吏利用管理漕運之便中飽私囊的積弊。

不久，朝廷又委派他督辦兩淮鹽運。因裴希度革除弊端，嚴懲貪汙，被忌恨他的人誣告，貶官為陝西按察使經歷（清代沿襲明制，於各省按察使司下置經歷司經歷一人，正七品，掌管訟文的往來回覆）。沒多久，因其辦理公務兢兢業業，遂又內調京城，升為大理寺右丞，很快又轉為左丞，後又提拔為通政司參議，太常寺少卿。

清順治年間，由於年事已高，裴希度自覺能力無法勝任，所以上奏朝廷，辭官回鄉。準辭回鄉後，裴希度閉門謝客，教子讀書，一直到六十三歲辭世。堂邑百姓聽到裴希度去世的消息，不遠千里，紛紛趕往陽曲祭奠，相約前來的竟有一、二百人，可見他在堂邑百姓心中的威望有多高。

文才突出

裴希度不僅為官正直，政績卓然。他還飽讀詩書，又擅長詩律音韻，著有詩集《澹命野嘯》並傳世。另外，他還潛心編纂了《息齋藏書》，為子弟們指點讀書迷津。此書第一卷為儒學經典輯要，第二卷為「道統中一經」，第三、四、五卷為「四子丹元」，第六卷為「學鏡約」，第七卷為「心聖直指」，第八、九、十卷為「嘉言存略」，第十一卷為「公餘證可」，第十二卷為「塵譚摘」。《息齋藏書》都是裴希度為子弟講學時的言論和觀點，其中有許多是與蔚州（今河北省蔚縣，清康熙三十二年以前隸屬於山西省大同府治）魏象樞（康熙年間進士，官至左都御史、刑部尚書）之間的學術探討的內容。《息齋藏書》第一卷至第十卷是先賢聖人之言行紀錄，其中也有裴希度自己對這些言論的認知觀點，以幫助子弟們了解先賢聖人思想的底蘊。第十二卷「塵譚摘」，大多是同友人的書信往來，從中可以看出，與裴希度書信來往的大多是學識與名望很高的人。《息齋藏書》後收入《四庫全書》。

裴希度可謂詩書傳家。他的孫子裴藍仙學識淵博，德高望重，於乾隆己巳年、嘉慶丙辰年，兩次參加清廷舉辦的「千叟宴」。他的曾孫裴謙，入翰林，後來提升為侍講學士，成為一代帝師。裴謙還曾經主持過貢舉考試，有詩集《竹溪詩草》傳世。

另一位裴希度

裴氏家族中還有一位與裴希度同姓同名的人物，號綠野，當塗（今安徽馬鞍山當塗）人。他世襲指揮僉事，喜歡讀兵書，精於騎馬射箭，武藝高強，歷任福建總兵。這位裴希度與鄭芝龍之間的較量的事蹟在世間廣為流傳。

鄭芝龍，字飛黃，小名一官。福建南安人，明末清初東南沿海第一大海盜，最大的海商兼軍事陣營首領，先後歸附明清兩朝為官。鄭芝龍以東南沿海為基地，以海商兼海盜（隨朝廷政策的變化，他的身分也發生變化）的身分活躍在海上。鄭芝龍經營的武裝海商集團很著名，為明鄭勢力的肇始。鄭芝龍不僅建立了一支實力強大的私人海軍，還仿效明朝在根據地設官建制，形成了初具規模的割據政權。明政府無力剿滅鄭芝龍，便轉為招撫。崇禎初年，鄭芝龍接受明朝招撫，官至都督總兵官。不久，清軍入關，鄭芝龍於順治三年降清後被軟禁。清廷因鄭芝龍多次招降其子鄭成功不成，於順治末年將其殺害。

鄭芝龍在十七世紀明朝海禁與世界海權勃興的時代背景下，以民間之力建立水師，周旋於東洋及西洋勢力之間，並於崇禎六年在料羅灣海戰中成功擊敗西方海上勢力，在鄭和船隊退出中國南海二百年後，重奪了海上主導權，是大航海時代東亞舉足輕重的人物。鄭芝龍為其子鄭成功留下了強大的海上基業，鄭成功以此作為抗清力量，並以武力成功驅逐入侵臺灣的荷蘭人。

這位裴希度就是在這時與鄭芝龍對抗較量的。當時，鄭芝龍的船隊經常在福建沿海一帶騷擾搶掠，仗著擁有像城牆一樣高大的船艦，高揚帆篷，瞬息千里。裴希度想出了破兵之法，他預先在小船裡埋伏勇士，都拿著長鉤利斧。等到鄭芝龍的船隊靠近，突然殺出，鉤住敵船，使之不得逃脫。兵勇舉起利斧，登船砍殺，殺死海盜無數，並繳獲敵船。鄭芝龍駕駛著哨船，遠遠觀望，無可奈何，只好逃走。經過幾次較量，鄭芝龍不得不接受招安，福建一帶從此太平。

兩位裴希度無論為文為武，都盡心為官，報效朝廷，澤被一方，所言所行皆合裴氏家訓的所有訓言。如此，方成正果，流芳於世。

第七節　宦海浮沉，留心錯失的裴𢤩度

裴𢤩度，字晉武，又字香山；號行庵，又號一元道人；山西曲沃人。敦煌太守裴遵為其先祖，其後人定居聞喜。

裴𢤩度祖父裴良積，為明代萬曆年間的鎮殿將軍。當時，北部邊境很不安寧，將軍奉調馳援，他把家事全部託付給夫人上官氏，慷慨赴邊。不幸疾病發作，卒於途中。將軍有子二人，長子裴加厚，字富吾，次子裴加增，字壽吾。裴加厚為裴𢤩度之父，一生未仕。裴良積殉國當年，裴加厚年方十六。他隻身遠赴邊疆，訪求父親遺骸，背負萬里，終於使亡父魂歸故里。饑年，他曾在家鄉設棚施粥，拯救災民，救活了不少瀕臨死亡的人。

早年坎坷

裴𢤩度九歲而孤，但他少年倜儻，大志早立。年方十七，便補為博士弟子員，受業於韓文懿之門。裴度工詩文，能書善畫。王漁洋、沈繹堂、田綸霞等名人都與他結為摯友。他因應試京兆，兩次名落孫山，就由附貢生透過捐納成為部主事。

裴徫度原娶鄒氏，多年無子。繼娶嚴氏，又未生育。後來，兩位夫人相繼而亡。裴徫度雖年過而立，卻膝下無子，又成了鰥夫，感到心灰意冷，隨後拋卻紅塵，從此出家。他隱姓埋名，浪跡江湖，客遊於江浙一帶。

家人不知他的去處。恰逢河南商丘的宋犖任江蘇巡撫，裴徫度的兄長裴中翰就寫了一封書信給宋公，要他查訪裴徫度的下落。宋犖派出屬吏，四處尋訪。後來，在金陵江邊，看到船中有一個長髯道人，鬚長六寸，聲若洪鐘，身材偉岸，相貌奇特，並且說著一口山西方言。吏役們上前去盤問，那人笑而不答，衙役們拿出裴中翰的書信給他看，那人才吃驚地站起來，接過書信，一讀便潸然淚下，果然是裴徫度。於是，經宋公介紹，裴徫度又娶了鄧氏夫人，這就是裴宗錫的生母。

進入官場

後來，裴徫度再次入京補官，康熙三十五年，授刑部主事，康熙四十五年，遷為刑部員外郎。四十六年，遷戶部郎中。四十九年，授雲南澄江府知府。五十四年，調往廣南（今雲南文山州廣南）府。

不久，他被地方推薦，入朝覲見。康熙知道他善於寫詩，讓他寫應制詩，他連寫幾首，全部符合康熙心意。康熙想委派他前往西南邊陲任職，予以重用，但裴度認為雲南偏僻遙遠，恐怕不足以施展才能，有些猶豫，沒有立即答應。朝廷特賜給他蟒袍。

康熙五十五年，裴𠍽度擢升河東鹽運使。不久，改任兩浙（浙東、浙西）江南運司。當時，浙江杭州一帶常有海嘯災害，海堤潰決。裴𠍽度奉巡撫徐元度之命，負責在海寧一帶修築海塘。工程持續了一年，經費不足，裴𠍽度就自掏腰包補貼。即將竣工時，狂風大作，海潮鋪天而來，撼天動地，海塘隨時有崩塌的可能。一天晚上，有人說神燈隱沒在某段海塘之下，人們驚慌失措，紛紛退逃。因為，據說海燈出現的地方，海塘一定會決堤。同級官吏拉著他，要他快跑，他說：「這不是你的責任，你們快快逃命吧！我要和大堤共存亡。」裴𠍽度不信符命，他神色堅定地站在海塘邊，半身浸泡在冷水裡，親自督促兵民護衛大堤。堅持了數日，海潮方退。沿海各地許多海堤都崩塌了，唯有裴𠍽度督修的這一段，牢如泰山，巋然不動。但是，裴𠍽度從此卻患上了腰腿腫痛的痼疾，終生未癒。附近幾個縣的百姓常說：「裴公是我們的再生父母。」康熙五十九年，裴徫度升遷為湖北按察使，他破大案釋疑獄，被人稱讚斷案如神。康熙六十年，他再度升遷為貴州布政使。

主政江西，成績斐然

雍正元年正月，擢升裴徫度為江西巡撫，他經過深入調查，發現江西稅關設置不合理，徒勞百姓。遂於九月上疏朝廷，提出：「九江舊關，上有龍開河、官牌夾，下有老鶴塘、白水港，地勢寬平，泊舟安穩。離湖四十里曰大姑塘，為商舟所必經。水漲則有女兒港、張家套，皆可泊舟；水落則平湖一線，夾岸泥沙，無風濤礁石之險。請仍移關九江，而於大姑塘設口分抽。」他建議進行調整，把稅關設置在九江，這項措施既維護了貨物及生命的安全，又方便了商人和百姓，還增加了稅收，合情合理，很快得到批准，皇帝特地下達聖諭，催促落實，令裴度會同督臣查弼納料理移關事宜。

江西歷來是產糧重地，南昌、袁州（今江西宜春）、瑞州（今江西高安）三府賦稅的數額，從明代起，就沿用了陳友諒時的舊制，與其他府相比，徵收稅額明顯偏重。順治年間，減免了袁州、瑞州二府的賦稅數額，而南昌府沒有減免。老百姓負擔仍然很重。雍正二年閏四月，裴徫度就南昌府增糧額度偏高，向朝廷上疏，申明減免南昌府賦稅的理由，皇帝批准，將他的提議下達到戶部進行討論，結果豁免了南昌府多收的浮額超過銀七萬五千五百四十兩。

福建、浙江、廣東的流民湧入江西，在山坡上搭建窩棚，種植菸草和靛葉，聊以為生，稱為「棚民」。他們往往是居無定所，不時流竄，成為盜賊。又因沒有戶籍、土地，也不交糧納稅，這樣的流民問題成為當地社會治安的一大隱患。在此之前，萬載（今江西宜春萬載）棚民溫上貴，寧州（今雲南玉溪華寧）棚民劉允公等，聚眾惹事。裴徫度親督兵勇緝拿，首犯全部歸案。為了加強地方管理，裴徫度上奏朝廷，請求替沒有編戶的遊民進行編戶。皇上肯定了他的意見，勉勵了他一番。朝廷還下詔，讓他按照保甲制度進行編戶。編戶制度推行後，流民有了名正言順的土地，得以安居樂業。當地的社會秩序明顯好轉，國家的稅收也增加了。

江西地方的基層吏員催收糧稅，連累百姓；而且當地民俗崇尚巫覡邪教，皇帝下了一道手諭，要地方嚴禁和革除。九月，裴度向朝廷上疏申明糧稅累民的原因及改良辦法，獲聖旨褒獎。十月，裴徫度請求入朝晉見。雍正下手諭阻止，說：「卿自巡撫江右以來，甚愜朕意。即來京，朕亦無多面諭之處，不必來。」

雍正三年二月，裴𢔶度奏報開墾南昌十二個縣的荒地達五十二頃之多，朝廷把這一業績通報各部。另外，他除興建了節備倉外，還重修了廬山白鹿洞書院，並親自去教授弟子，培養人才。

當時，總督查弼納正在計議重開廣信府原先被封禁的山嶺，朝廷下諭請裴𢔶度酌情處理。於是，裴𢔶度上奏，申明繼續封禁的緣由，朝廷採納了他的建議，決定將這些山嶺繼續像當初一樣封禁。雍正四年二月，裴𢔶度因政績卓著，升遷為戶部左侍郎。應當地官員和百姓的請求，他繼續留任巡撫。七月，擢升他為都察院左都御史。

九月，雍正接到舉報，說江西各州縣穀倉大多虧空，特地派遣吏部侍郎邁柱前往查處，命令歷任院司官員分額賠償，裴𢔶度承擔的份額最多。裴𢔶度本已上京城赴任，此事一發，只好被迫奉命返回留任江西，接受審查。雍正五年正月，雍正下手諭令各省州縣於三年之內，將所虧倉谷悉行買補，務期足數，違者重治其罪。裴𢔶度及原任布政使張楷、陳安策，均革職質審。到了閏三月，雍正又下諭指示：江西通省折價銀兩交與裴𢔶度及歷任布政使作速照數買穀還倉，不得藉端絲毫派累小民。被罷免後，裴倖度羈留江西數年，後來又羈留在雲南數年。裴倖度變賣家產，購買稻穀，破產輸公，幾乎到了掃地出門，赤身子立的地步。過了六年，直至幾乎把國庫缺糧數額賠補完畢，才蒙詔赦免，終於在雍正十年釋放回曲沃原籍待罪。此後，他賦閒在家十餘年，直到去世。

晚年享受生活

回鄉後，裴倖度除了熱衷於公益事業外，就是盡享天倫，或寫詩自娛，如〈山莊散步〉就是他晚年悠閒生活的寫照：

微吟已過柳村西，緩步逶迤到竹溪。跨背橫吹童叱犢，倚門灑粒婦呼雞。樹梢野鼠偷松子，簷下貧僧補衲衣。勝地徘徊歸去晚，縈紆石徑亂雲迷。

乾隆五年，裴倖度老死家中。讓人驚嘆的是他臨終時，竟然手書〈遺命詩〉一首，正容端坐而逝。其後人將他埋葬在澮河側畔，紫金山下，與他的兩位兄長同立一碑。裴倖度留下一子，名裴宗錫。

裴倖度的主要著作為政書：〈請免南昌府屬浮糧札子〉、〈請移湖關札子〉、〈報行社倉疏〉、〈建立節備倉記〉、〈陳封禁山情形札子〉、〈請封禁山仍舊封禁札子〉等；他一生注重修身，留有〈自志戒文〉；他寫的碑記有：〈重修王文成祠記〉、〈重修南昌萬壽宮記〉、〈白鹿洞增建書屋記〉、〈重修豫章書院記〉；他傾半生精力，收集資料，修成《裴氏世譜》稿本，可在他被罷官後，大多散佚。十多年後，才由他的兒孫裴宗錫、裴正文完成。他的詩歌有〈臥佛寺〉、〈由翠微寺登寶珠小憩〉、〈西園偶和〉、〈題匡廬夜月圖小照〉、〈汾川閒吟〉等。

汾川閒吟

雨過花明鳥學吟，風來修竹自蕭森。
年豐地僻身無事，一卷黃庭養道心。
百寶樓臺萬佛山，群真飄渺翠微間。
老僧入定禪機息，窗外孤峰月半環。
不務虛名不綴文，半生詩卷一朝焚。
只今學得希誇法，踏壁空山臥白雲。
年來多病起常遲，臥對南山和藥時。

閉戶不知春日曉，數聲啼鳥上花枝。
三間矮屋僅堪眠，何事關心物外牽。
靜向書中消白日，閒從水底識青天。
道帽僧鞋儒者衣，閒拖竹枝步芳菲。
春風楊柳黃鸝囀，細雨池塘紫燕飛。

裴倖度宦海沉浮的教訓，就在於他沒有遵循《河東裴氏家訓》中「講求公德」的訓言：「置身社會，公德第一。愛惜公物，遵守序秩。時時警惕，留心錯失。祛除自私，免貽人疾。」令後人為其抱憾。

第八節　盡心政務，鞠躬盡瘁的裴宗錫

裴宗錫，原名二知，字午橋，山西曲沃（今山西臨汾市曲沃縣）人。裴度之子。生於康熙五十一年壬辰五月三日。據說他出生時，父親裴𢒵度昆明官衙池塘裡的濁水忽然變得清澈見底，人們說這是吉兆，認為這個孩子將來一定會有出息。

天資聰明，孝順父母

民間相傳，裴宗錫自小就聰明伶俐，有天賦才氣。連雍正皇帝也時有所聞。一次朝覲時，雍正心血來潮，令裴𢒵度帶子上殿面君。由於宗錫口齒伶俐，奏對合體，深得雍正賞識，竟脫口說出：「父巡撫，子巡撫，父子巡撫。」裴𢒵度立即跪地，口稱：「謝主隆恩！」自古皇帝金口玉言，一言九鼎。雍正情知失言，也只好當殿許了裴宗錫一個「巡撫」頭銜。後來，裴宗錫確實官至巡撫，但是並非憑父蔭或雍正這次意外恩寵。

裴宗錫年幼時，曾經和母親坐船前往湖北，途中狂風大作，舟船幾乎傾覆，他母親鄧氏不停禱告求神靈保佑，並且囑咐裴宗錫說：「不要害怕，你父親沒有作惡，我們應該會逃過這一劫。即便有事發生，也是命中注定呀！」裴宗錫一個小孩子，不僅不害怕，反而護著母親，安慰大人。船中的人都佩服他的鎮定和勇氣。

早年，他隨父親輾轉雲南、江西等地。少年時，在雲南待了六年，接著在江西待了十年。父親被罷職後，裴宗錫回曲沃在膝前盡孝十五年。父親去世後，他又苦讀十年，但應試不舉。後以監生身分，透過捐納銀兩，取得同知資格。

乾隆十五年，裴宗錫被遴選為山東濟南府同知。不久，改授青州府知府。裴宗錫派人到曲沃老家，迎其母鄧太夫人，以便就近盡孝。鄧太夫人以道路遙遠，堅決推辭。隨後，聽說兒子要棄官回家奉養她，才打點行裝，動身前往。到了青州，老夫人令裴宗錫站在庭堂上，責備他說：「你父親承蒙國家恩典，尚未報答，報效國家的責任就在於你，你卻因為我的緣故而要退職，好像是由於我的緣故，讓你辜負了國家，無法了卻你父親的心願。這難道是我教你不忠不孝的嗎？你把我看成什麼人啦！」裴宗錫一再叩頭賠不是，過了好久鄧太夫人才罷休。

為官清正廉潔

在青州任內，裴宗錫大興水利，疏通引導博興湖、大清河、小清河等，開墾稻田七、八千頃，沼澤地則闢為荷塘，空地則種植柳樹和鳳梨樹，教導百姓飼養山蠶，使青州野無曠地，民無不富。青州官員百姓都稱讚裴宗錫是自富鄭公（北宋官員）之後，唯一的一位清官。晚年，裴宗錫也說：「我一生為官執政，只有青州這七年，恐怕是當之無愧的。」

乾隆二十二年丁丑，裴宗錫調濟南府。兩年後，他再調濟東泰武道。乾隆二十七年，又調任督糧道，次年再調任直隸霸昌道。五月，裴宗錫升遷為直隸按察使，九月，裴宗錫上疏，建議：「古北口外山場，產鳳梨樹，土人俱伐作薪，不諳養蠶。此樹本名橡樹，入土即生，三四年後，葉可飼蠶。臣前在濟東，飭屬遍栽，頗有成效。今以之供薪，殊覺可惜。請照東省法，勸民廣栽試養，則地無曠土，而民獲利益。」乾隆親下手諭，轉交給直隸總督方觀承妥為施行。

裴宗錫在直隸為按察使六年，當地訴訟官司雖多，他卻能雷厲風行，斷獄從不拖延。有人問他有什麼辦法，他說：「沒有別的，多思索，自通神明。滯留因循，也是草菅人命呀！何必拿著刀鋸親自去殺人呢！」直隸總督方敏恪很賞識裘宗錫，但裘宗錫耿介自持，從不阿附，以至於經常和方敏恪發生衝突。等到方敏恪病重，反而把他的孤子託付給經常頂撞自己的裘宗錫照顧。人們都佩服方敏恪知人善任，也盛讚裘宗錫公私分明，篤於情誼。乾隆皇帝聽到裘宗錫的政績聲望，每年到熱河行宮，多次召見他，詢問裘宗錫的家世和當地民情。裘宗錫侃侃作答，經常要一、兩個時辰才出來。乾隆更加賞識他，想要委以大用。等聽到他撫養敏恪遺孤的事情，十分嘉賞。不由得讚嘆他：「真有古君子之風呀！」

曲折官路

乾隆三十二年，雲南一帶用兵，朝廷命令裘宗錫為按察使，督查直隸驛站。這年六月，慈母去世，他丁憂回籍守孝。乾隆三十四年，他因在前按察使任內，違例供給驛站車馬，經過吏部議處，給予降職處分。後來，參照總督楊廷璋聲明的裘宗錫曾自行舉報過失，僅銷去所加二級，仍然按候補官員降一級任用。乾隆三十五年三月，皇上親下諭旨，指示：「裘宗錫將屆服闋，著仍補授直隸按察使。」六月，朝廷授裘宗錫為安徽布政使。不久，裘宗錫擢升為安徽巡撫。

任命剛下，裴宗錫朝夕惶懼，擔心無以報效。他說：「聖主用我，是因為我對百姓事務能夠留心罷了。」於是，他經常單舟輕車巡視各地，凡是有益於國計民生的事，無不悉心詢問，仔細權衡，據實入奏。皇上批答道：「具見留心本務，勉力行之，以徐以實，而不致滋擾，當日計不足，而月計有餘也。」裴宗錫接旨後感動得直掉眼淚，更加努力勤政，毫不懈怠。十二月，因為他行政中又出現了過失，詔交吏部討論，擬降職處分。後來又下詔革除裴宗錫原職，繼續留任。

乾隆三十六年正月，裴宗錫上奏：「安徽買補倉穀，請照江蘇巡撫薩載奏準之例，於正價外，每石增銷運腳銀八分。」朝廷把他的奏疏轉發到戶部，經戶部官吏商議，特許按照裴宗錫的請求辦理。二月，裴宗錫又就疏通河道的問題上了一道奏疏，稱：「安慶瀕江，舊有漳葭港河，土人呼為老河。上通潛山、太湖、望江三縣，下達於江，為漕艘南船往來停泊之要區，淤久漸成平陸。前撫臣張楷於上游開新河一道，地高水急，過載逆上，仍難進口，暴風猝起，每虞覆溺。請仍將老河開通，使歸故道，較為妥便。」不久，乾隆降下手諭：「俟總督高晉履勘再行酌辦。」後經高晉勘查，奏報朝廷，按裴宗錫的建議實行。此舉為漕運船隻開闢了一個避風停泊的港灣，減少了翻船事故。他還修築了太平廬州江堤，避免了水患，維護了人們的生命財產安全。

乾隆三十七年，裴宗錫又就農田水利問題，上了道奏疏，其中寫道：「農田水利，民食攸關。鳳、泗所屬州縣，高阜之地，無水源可引，宜多作池塘。低下處，夏秋水漲易浸，宜厚築圩圍以備灌溉，而資捍禦。現飭屬相度挑築。又鳳陽一帶，高崗曠野，不宜五穀，令各隨土宜種樹資用。」朝廷特下手諭，嘉獎他留心本職政務。

乾隆四十年五月，朝廷將裴宗錫調為雲南巡撫。滇省政務中銅務最為重要，裴宗錫一到任，就翻檢歷年文案，並且深入基層，調查了兩個月之久。他針對雲南銅礦開採營運管理混亂一事，上了道「籌鑄息增銅價」的奏疏，他提出，「欲官銅必先杜私售，杜私售必先增官值」，「滇省管廠官，向多雜職微員。臣思銅、銀各廠，動關鉅萬。銅廠之採挖煎煉，出納經營，尤非易事。雜職既難深信，而虛報銅斤，濫放工本之弊，亦復不免。查承運京銅例，遴州縣丞、倅。試用人員、運員、與廠員事同一例。請嗣後廠務悉歸地方官經理，即距廠較遠，必須另委專員，亦改委州縣丞、倅等官，庶事權歸一，積弊可出。」奏章剛寫成，裴宗錫奉命調往貴州，他遺憾地說：「吾既見於此，弗敢隱也。」最終還是把奏章呈報朝廷。皇帝仔細閱讀了他的奏章，對他的建議和想法大為讚賞，特地下詔，按他的建議實行。這件事，對於那些事不關己、高高在上的官吏，應該有所警惕與教誨。但是他離職後，負責官員執行不利，銅價沒有漲，雲南產銅日益減少。

十月，又調他署貴州巡撫。第二年四月，裴宗錫就貴州財政緊張一事上奏，稱：「黔省地處邊圉，司庫備貯銀宜寬裕。請敕部撥銀三十萬兩，解黔備用。」朝廷批准了這一請求。朝廷的決定，無疑對安定西南邊陲影響深遠。他在貴州還重修了名勝古蹟甲秀樓。由於他盡心政務，鞠躬盡瘁，他的精力也漸漸地耗盡了。

善用人才

裴宗錫自幼便記取其父裴徫度的教訓，為人不設城府，無論貴賤，均能平易近人，唯恐埋沒了人才，由他提拔成才，做了大事的人就有十幾位。他曾經對人說：「我當官後，所承辦的地方事務，無不依靠僚屬及朋友的幫助。一個人的才識能有多少呢？擇善而從，何必己出。」乾隆四十三年，嗣曾等人由於裴宗錫薦舉為官，前來當面謝他，他說：「進退人才，自是公事。余在黔（貴州）劾去一道三府，而人不以為刻者，無私故也。不在怨，敢在恩乎？」嗣曾等人敬畏地看著他，都站了起來，很不好意思。

乾隆四十四年六月，裴宗錫因病請求解除官職，總督李侍堯代裴宗錫上奏朝廷。就在這個月的二十三日，裴宗錫因積勞成疾，不幸病故，時年六十七歲。裴宗錫一生盡心政務，以致鞠躬盡瘁。堪稱《河東裴氏家訓》的忠實踐行者。

裴宗錫雖為山西曲沃人，但生於雲南，死於雲南，可謂與雲南結下了生死之緣。朝廷聽到訃聞，又特下諭旨，對他的後事進行了妥善安排，依照功臣的慣例，賜賻為他舉行國葬。大李裴家奉敕在曲沃高顯鎮建「河東世家」「父子巡撫」牌坊。

裴宗錫的政論著作很多，主要有〈查辦鳳泗地方農田水利疏〉、〈請濬漳莨港老河疏〉、〈請養山蠶疏〉、〈山蠶譜序〉、〈籌辦滇省銅務札子〉、〈新開鉛廠有效預籌改撥札子〉、〈銅政源流匯說〉、〈請開牛皮大箐寓防於屯札子〉等；另有碑記、行略〈鄧太夫人行略〉、〈題明黔寧沐昭靖王世像〉、〈重建貴陽萬壽宮碑記〉、〈重至澄江郡治記〉、〈試資田記〉、〈濬漳莨港老河碑記〉、〈重修余忠宣公祠記〉等；裴宗錫繼承父志，增修《裴氏世譜》，寫過一篇《裴氏世譜．藝文志．跋》，他的詩文存世不多，如〈重過飛雲巖感賦〉、〈題秀甲樓〉等。

第四話　滿門才俊傳天下

第一節　「製圖六體」學說之裴秀

舉止謙虛，孝敬長輩

裴秀，字季彥，河東聞喜裴柏村人。他出身官宦之家，祖父裴茂，父親裴潛，都官至尚書令。裴潛的家教很嚴，儉樸之風上下相效。史書記載，他一家大小，常常一天只吃一頓飯。在良好的家風薰陶和裴潛以身作則的帶動下，他家滿門棟梁：裴秀為尚書僕射，二弟裴緝為工部尚書，三弟裴綰為尚書令。有人稱其「一堂父子三宰相」。裴秀的生母出身卑微，受到了嫡母宣氏的鄙視，在家族裡地位低下，不受敬重。裴秀從小就懂事，聽從生母的話，知道為母親分憂。他刻苦學習，孜孜不倦，頗有心得，八歲就能寫文章，年少時就頗有聲名，受到大家的喜愛。裴秀從不放過任何一個學習的機會。家中每次有客人來訪時，裴秀言語虔誠，舉止有禮，藉機和客人交談幾句，獲得知識。客人們見他如此虛心懂禮，也都很喜歡他。裴秀向來訪的客人虛心學習，養成了優雅的談吐和高雅的氣質，遇事不慌不忙，平靜淡定。《弟子規》道：「凡道字，重且舒。勿急疾，勿模糊。」這就是講的裴秀的故事。

裴秀受叔父裴徽的影響比較大。裴徽擔任過三國時期魏國冀州刺史，學識淵博，善言玄理，與傅嘏、荀粲是好友。傅嘏擔任魏國的尚書郎，才幹卓越，善談名理。傅嘏與名將鍾會私交甚密，鍾會由於征討蜀國有功自傲，傅嘏對他直言相勸：「你志向很遠大，但要取得功業必須得到別人的支持與配合，平時應當在言行上謹慎小心。」鍾會聽了後，肅然起敬，立即收起了驕傲的面貌。荀粲是魏國著名的玄學家，善談玄理，名噪一時。傅嘏和荀粲常常相爭不讓，難分伯仲。裴徽身為仲裁人，與他們互相溝通，平息二人的爭端，令人嘆服不已。

當時，裴徽在家居住時，賓客盈門，經常拜訪的人絡繹不絕。那時裴秀十幾歲，已經負有盛名了。有的賓客拜訪裴徽之後，出門又去看望裴秀，與裴秀談玄論理，請教學問。裴家宴請賓客時，嫡母宣氏讓裴秀的生母為客人端茶倒水。裴秀看到母親很疲勞，就幫助母親做家務。賓客們見到裴秀幫母親做家務，都起身向裴秀的母親問候，很是恭敬。裴秀生母對人說：「我出身微賤，大家看得起我，都是因為我兒子的緣故啊！」宣氏聽了之後，一改往日的倨傲，從此不讓裴秀的生母做這種事，對裴秀生母的態度變得好了起來。人們稱讚裴秀說：「裴秀孝敬母親，同甘共苦，侍奉賓客，彬彬有禮，真是青年領袖啊！」裴秀當著客人的面，奉茶倒水，毫不拘謹，為母親分擔屈辱，改變了母親的家庭地位。

官場彰顯學問

度遼將軍毌丘儉很欣賞裴秀的才華，向當時的大將軍曹爽推薦裴秀，稱讚他說：「生而聰慧，崇尚自然，虛靜守真，研究深奧之道，博學強記，無文不通，孝敬尊長，友善兄弟，美名著於鄉里，高聲聞於遠近。確實應為聖明天子的輔臣，登三公之位，參贊於大府，功德昭化天下。不只是子奇、甘羅這一類的人物，兼有顏回、冉求、子游、子夏的美德。」曹爽任命裴秀為黃門侍郎，並繼承父親的爵位成為清陽亭侯。曹爽在朝中削弱司馬懿的勢力，逐步架空了司馬懿，並且獨斷專行，剛愎自用，飲酒作樂，極盡奢華。司馬懿稱病不朝，養精蓄銳，在正始十年發起高平陵政變，抓獲了曹爽兄弟與其親信黨羽，屠滅了曹爽三族。

魏朝大權落入司馬氏手中。裴秀因是曹爽任用的官吏，被解除了職務。後來，司馬昭掌握大權後，裴秀重新得到了重用，他提出的有關軍事和政治方面的建議，常為司馬昭所採納，被任命為散騎常侍，在皇帝身邊做顧問。當時，魏帝曹髦好學有文才，多次請裴秀及王沈到東堂一起講解談論學問，切磋文章，稱王沈為文籍先生、裴秀為儒林文人。

晉武帝司馬炎代魏稱帝後，裴秀又先後擔任尚書令和司空，成為西晉的最高軍政負責人之一，並主管全國的戶籍、土地、田畝賦稅和地圖等事。裴秀接觸了更多的地理和地圖知識，他對古代地理和地圖進行了仔細整理和精心研究。

遠在三、四千年前的商周時期，中國已經設置了專門掌管全國圖書志籍的官吏。大約在春秋戰國時期，出現了歷史上一部地理學名著——《禹貢》。到了魏晉期間，因為年代久遠，《禹貢》中所記載的山川地名已經有很多變更。裴秀認為《禹貢》中的山川地名時間久遠，多有改變。後世說法中有的牽強附會，含混不清，不利於對土地的開發和利用。裴秀翻閱了遺留下來的大量古籍文獻，在詳細考證古今地名、山川形勢和疆域沿革的基礎上，以《禹貢》為基礎並結合當時晉朝的分州繪製的大型地圖集，繪製了《禹貢地域圖》十八篇。圖上古今地名相互對照，它不僅是當時最完備、最精詳的地圖，更重要的是它採用了科學的繪製方法。裴秀在完成這本地圖集的繪製以後，把它進呈給晉武帝，由祕書省收藏。

「製圖六體」學說

據史書記載，裴秀除了繪製《禹貢地域圖》以外，還繪製了一幅〈地形方丈圖〉，對後世地圖學的發展有相當大的影響。當時，有人繪製了一幅〈天下大圖〉，規模龐大，據說用縑八十匹，這在當時世界上是絕無僅有的。但是這幅〈天下大圖〉有一個缺點，就是不便攜帶、閱覽和保存。於是裴秀運用製圖六體的方法，「以一分為十里，一寸為百里」的比例尺（大約相當於一百八十萬分之一）把它縮繪成〈地形方丈圖〉，並且把名山、大川、城鎮、鄉村等各種地理要素清清楚楚地標示在圖上。這樣，閱覽它就方便多了。可見裴秀已經掌握了縮放技術。裴秀還著有〈冀州記〉、〈易及樂論〉，以及〈盟會圖〉和〈典治官制〉等。

裴秀的最大貢獻是確立了「製圖六體」學說，後人繪製地圖基本上依據「製圖六體」學說而為。裴秀《禹貢地域圖》序曰：「製圖之體有六焉，一曰分率，所以辨廣輪之度也；二曰準望，所以正彼此之體也；三曰道里，所以定所由之數也；四曰高下，五日方邪，六日迂直，此三者各因地而制宜，所以校夷險之異也。」（《晉書》卷三十五）意思是，繪製地圖的原則有六條。第一，分率（比例尺）；第二，準望（方位）；第三，道里（路程）；第四，高下（高取下）；第五，方邪（方取斜）；第六，迂直（迂取直）。裴秀指出，依據這六條原則繪製地圖，可以反映山川道路和地勢差異，準確地描繪地形地貌，有助於農業的發展和軍事的需求。

這六條原則是相互關連、相互制約的。如果地圖上沒有比例尺的標記，則不能確定距離的遠近。如果只有比例尺的標記，而無方位，則某地的方向雖然從某一方向看是對的，但從其他方向看就不對了。如果只有方位的確定，而無道路的實際路線和距離的標示，那麼在有山水相隔的地方就不知該怎樣通行了。如果只有路線和距離的標記，而無地面高低起伏和路線曲直的形狀，則道路的遠近必定與其實際距離不符，也搞不清楚方向。所以六條準則必然綜合運用，相互印證，才能確定一個地方的位置、距離和地勢情況。因此可以說，現代地圖學所需要的主要因素，除經緯線和投影以外，裴秀都已談及了。

南北朝時，文學家謝莊製造出一個方丈大的木質地形模型，後來北宋沈括、南宋黃裳與朱熹，都用木材、麵糊、木屑、膠泥及蠟等製造地形模型。這些都是裴秀方丈圖的繼續演進，說明裴秀對後代地圖學的發展具有深遠影響。清代地理學家胡渭在他的《禹貢錐指．禹貢圖後識》對裴秀的「製圖六體」有很高的評價，指出：「三代之絕學，裴氏繼之於秦漢之後，著為圖說，神解妙合。」「製圖六體」學說對後世有很長遠的影響。

裴秀幼時勤奮學習，孝悌為先，長大後位極人臣，治國安邦，關心民瘼，受到人們的敬重。裴秀提出的「製圖六體」原則，是繪製平面地圖的基本科學理論，為編制地圖奠定了科學的基礎，它一直影響著清代以前傳統的製圖學，受到學術界的公認和推崇。

泰始七年三月初七，裴秀因服食寒食散後飲冷酒而逝世，享年四十八歲，諡號「元」。著有文集三卷。

第二節　玉人裴楷

裴楷，字叔則，河東聞喜人。生於三國曹魏明帝景初元年，卒於西晉惠帝元康元年。祖父裴茂，在後漢靈帝時歷任郡守、尚書；父親裴徽，曹魏時官至冀州刺史。裴楷是西晉時期重要的政治家，也是著名的哲學家和名士。曹魏高貴鄉公正元二年，他由大將鍾會推薦，做了輔政的大將軍司馬昭的僚屬，後升為尚書郎。魏元帝咸熙元年，司馬炎為中撫軍大將軍，裴楷擔任軍事參謀。魏元帝曹奐禪讓司馬炎即帝位，裴楷先後做過散騎侍郎、散騎常侍、河內太守，後入朝為屯騎校尉、右軍將軍、侍中，與山濤、和嶠等人同為司馬炎身邊近臣。

人品高潔，志向高遠

裴楷少時聰悟有識，勤奮學習，很早就接觸《老子》和《易經》的思想，等到成年後以老莊思想為基礎深入地探討人生和宇宙的道理，成為遠近聞名的玄學家。魏晉時期，產生了以何晏、郭象等人為代表的玄學家，裴楷就是其中之一，玄學的興盛具有特殊的時代背景，和當時的社會形勢密切相關。

身為世家子弟，又是著名的玄學家，裴楷人品高潔，志向高遠，不與渾濁的世道為伍，在亂世中保持了出淤泥而不染的高尚情操。正是由於這種品格，養成了他高貴的氣質，豐神俊朗，風度翩翩，被當時的人稱作「玉人」。據南朝劉義慶《世說新語》記載，當時有人稱讚裴楷道：「見裴叔則，如玉山上行，光映照人。」意思是裴楷光彩照人，皮膚細膩，長得像玉一樣，非常溫潤潔白，是世上罕有的美男子。當你接近他時，風神高邁，儀表俊爽，好像人行走在玉做的山上一樣。其實，稱讚裴楷的儀表，何嘗不是稱讚他的人品和學識，只有那樣高潔的人品，加之學識淵博，不凡的談吐，才能配得上玉人的稱呼。

裴楷身為朝中高官，眾人仰慕，可是他性情寬厚，與物無忤，淡泊明志，對於金錢財富名利看得很淡。聞喜裴氏是一個大家族，儘管有許多出將入相之人，但是，整個家族有幾千人之多，因此，家族和親友中也有一些窮困潦倒之人。裴楷樂善好施，助人為樂，常常把別人贈送給他的貴重物品轉贈給窮困的親友和部屬。遇到誰家有困難，他出手幫助，義不容辭，受到整個家族的擁戴。在他眼裡，親友相處，和睦為貴，錢財之物是供人使用的，而不是役使人的。

裴楷有一個著名的哲學觀點，叫做「損有餘而補不足」，意思是天道運行，陰陽變化，減少多餘的財物用來彌補不足的人，這是自然界的常理，也是平衡發展基礎。裴楷忠實地踐行了朋友五倫、以德輔仁的人生觀。

直言敢諫，一心為國

曹魏咸熙二年，司馬炎繼承相國、晉王位，掌握全國軍政大權。之後，司馬炎透過大臣勸諫等方法，迫使魏帝曹奐禪讓皇位。曹奐面對這種形勢，只好下詔書說：「晉王，你家世代輔佐皇帝，功勳甚高，四海蒙恩，上天讓我把皇位讓給你，請順應天命，不要推辭。」司馬炎假意推讓，心腹太尉何晏、衛將軍賈充等人，帶領滿朝文武官員再三勸諫，司馬炎才登上了皇位，建立了西晉政權。裴楷被鍾會推薦，受到了司馬炎的重視。《世說新語．賞譽》：「吏部郎闕，文帝問其人於鍾會，會曰：『裴楷清通，王戎簡要，皆其選也。』」司馬炎稱帝後讓人占卜，預測晉朝的氣數，豈料所得卦象竟然是「一」。他艴然不悅，莫非晉朝只能有一朝天子？這時，裴楷機智地奏道：

「臣聞天得一以清，地得一以寧，侯王得一以為天下貞。」他的解釋出自《老子》及其注文，「一」是「數之始，物之極」，是萬物的本原和歸宿。晉武帝聽後愁容頓去，欣然喜悅，群臣亦嘆服裴楷的機敏和博學。

裴楷直言敢諫，一心為國。司馬炎建立晉朝後採取了一系列振興經濟生產的措施，屢次責令郡縣官勸課農桑，嚴禁私募佃客；招募原吳、蜀地區人民北上，充實北方，廢屯田制，使屯田民成為州郡編戶。太康元年，頒行戶調式，包括占田制、戶調制和品官占田蔭客制。晉武帝認為曹魏末期為政嚴苛，風俗頹廢，生活豪奢，乃「矯以仁儉」，鰥寡孤獨不能自存者賜穀五斛，免逋債宿負，詔郡國守相巡行屬縣，並能容納直言。太康年間出現一片繁榮景象，歷史上稱為「太康之治」。裴楷鑒於歷史上國家興亡的教訓，指出漢魏的盛衰之跡，勸司馬炎以史為鑑，治國安邦，避免重蹈覆轍。

司馬炎勵精圖治，自以為受到臣民的擁戴。有一次朝會後，司馬炎問裴楷：「天下人怎樣評論我的得失？」裴楷直言不諱地說：「陛下之所以不能與堯舜相比，就是因為朝中有賈充這樣的人在！」賈充就是後來的晉惠帝的皇后賈南風的父親。司馬炎去世後，司馬衷即位，懦弱無能，賈南風在皇后位置上，專橫跋扈，謀害大臣，任用親信，培植黨羽，從而引發了「八王之亂」，戰火綿延，國無寧日，人民生活在水深火熱之中。

制定《泰始律》

裴楷從咸熙元年到司馬炎泰始四年，參與了晉朝法律《泰始律》的制定，其中的科令條文便是由他來撰寫的。《泰始律》是中國古代社會中第一部受儒家思想影響的法典，其主要特點是「峻禮教之防，準五服以制罪」。參酌漢代法典《九章律》和曹魏《新律》，《泰始律》為二十篇，計為刑名、法例、盜律、賊律、詐偽、請賕、告劾、捕律、系訊、斷獄、雜律、戶律、擅興、毀亡、衛官、水火、廄律、關市、違制與諸侯，共六百二十條。

相比前代律令的內容，《泰始律》有所放寬。它「減梟、斬、族誅、從坐之條」，對女子的判處也有從輕從寬的用意。《泰始律》的這些變化，使其在實行中能夠發揮緩和階級矛盾和統治階級內部矛盾的作用，有利於鞏固司馬氏的江山。《晉書．刑法志》稱其「蠲其苛穢，存其清約，事從中典，歸於益時」。《泰始律》對中國古代的法治建設十分重要，南北朝和隋唐皆沿用這部法律。司馬炎十分重視這部法律，讓裴楷在朝臣中宣讀，逐條講解，人們被裴楷淵博的學識所折服。

風險官場路

魏晉時期，戰火紛飛，狼煙四起，人民生活處於極度的動盪不安之中。尤其是曹魏晚期和西晉初期，社會動亂加上王室之間的爭權奪利，勾心鬥角，使人們感到人生無常，命運多舛。人生的意義到底是什麼？人生的歸宿在哪裡？許多士大夫進行思考，熱衷研究老莊和《周易》的思想，融合儒家思想和兩漢經學思想，關心宇宙的本源問題，探討「有無」和「形名」之學，注重形而上的道術之辯，於是誕生了玄學。

西晉王朝存在的外戚專權，諸王紛爭，勾心鬥角，互相傾軋，殘酷的政治鬥爭，使得裴楷多次面臨危機，處境險惡。裴楷與汝南王司馬亮，以及司馬炎的夫人楊皇后之兄車騎將軍楊駿都是兒女親家。晉武帝司馬炎在世時，曾經有傳位於司馬亮的意圖，但由於受到楊氏外戚等人的阻撓，未能實現。司馬炎臨終，留遺詔讓司馬亮輔政，但這封詔書又被楊駿扣留。所以，司馬炎死後，圍繞著輔政問題，楊駿外戚勢力與司馬亮之間的鬥爭因而加劇。不久，楊駿被司馬亮誅殺。由於裴楷和楊駿有姻親關係，裴楷受到牽連，要全家抄斬。裴楷被捕入獄後，索要紙筆，從容與親友訣別，將生死置之度外，充分顯示了名士的風采。幸虧侍中傅祗的極力救護，朝中許多大臣也為他求情，裴楷才免去滅頂之災。

司馬亮執掌朝中大權後，由於和裴楷的姻親關係，便想重用他。裴楷面對混亂的朝局，拒絕了唾手可得的爵位，以逃避政治鬥爭。不久，司馬亮與司馬瑋又開始爭權奪利，裴楷面對官場紛爭，保持中立，不參與權力鬥爭。在司馬瑋與司馬亮爭奪權力時，他請求到京城之外當官，任職為安南將軍。人在江湖，身不由己，司馬瑋起兵殺死了司馬亮後，裴楷也被緝捕。那晚，他單車入城，躲在岳父王渾家，一夜間換了八個藏身之所。翌日，楚王司馬瑋因「矯詔」而被殺，裴楷終於躲過了一劫。此後，他加官晉爵，做了中書令，與張華等人共掌朝政。歷經官場鬥爭，裴楷感到人生無常，宦海險惡，萌生退意。全身而退又談何容易，即使連他的岳父出面勸皇帝讓他引退，卻始終不能如他所願。裴楷正直清高的行為受到推崇，當時有人稱他「性不競於物」、「安於淡退」。

西晉惠帝元康元年，裴楷經過一系列人生考驗，關心國事，積勞成疾，決意退出官場，還是得不到允許，不僅如此，皇帝還加封他為光祿大夫、開府儀同三司。據傳，有一天，家中的廚師做飯時把米放入鍋中，忽然發現米不是變成拳頭的形狀，就是化成血，有時還變成蔓青菜。難道，是上天要帶走裴楷嗎？不久，裴楷去世了，時年五十五歲。

裴楷生活在曹魏末年和西晉初期，居於龐大的國家體系之中樞，位高權重，環境險惡，正是外戚與司馬諸王爭權奪利的黑暗年代。只要稍有不慎，任何一次政治鬥爭都會使他陷入絕境。但是，裴楷卻能夠化險為夷，實屬難能可貴。這一方面離不開他的政治智慧，更主要就是他為人正直，心繫百姓，以國家為重，不巴結權貴，不結黨營私，始終保持做人的底線和高貴品格。

第三節　史學大家裴松之

裴松之，字世期，河東聞喜人，後移居江南。南朝宋代著名史學家，為《三國志》作注。裴松之與兒子裴駰、曾孫裴子野被稱為南北朝時期的「史學三裴」，皆以注史享有盛譽。裴松之為陳壽《三國志》作注六十五卷，博採群書，史料詳實，流傳千古，開啟注史之先河。宋文帝稱讚他：「此為不朽矣！」裴駰為司馬遷《史記》作注，寫成《史記集解》八十卷，流傳於世。裴子野撰寫編年體《宋略》二十卷，其敘事、評論都超出了沈約所著《宋史》的水準。

出身名門，勤奮讀書

裴松之出身於名門望族，祖父裴昧官居光祿大夫，父親裴珪曾任正員外郎。裴氏家族都非常重視子孫的教育。古代社會，讀書是一個人安身立命步入官場的捷徑。目不識丁，兩眼抹黑，是不可能有出息的。〈神童詩〉言：「天子重英豪，文章教爾曹。萬般皆下品，唯有讀書高。少小須勤學，文章可立身。滿朝朱紫貴，盡是讀書人。學問勤中得，螢窗萬卷書。三冬今足用，誰笑腹空虛。」裴松之的家族家教全面，為子弟聘請了塾師，施以嚴格教育和文化薰陶。裴松之自幼就喜愛讀書，對國學經典進行誦讀。據說，八歲時就能夠背誦《論語》、熟讀《詩經》等。他十分珍惜時間，博覽群書，一日不輟，常常是白天讀書到了黃昏時分，也不覺得疲勞，家人呼喚也聽不見，直到天黑得看不見了，才恍然發現夜晚來臨了，真可謂廢寢忘食。

勤政為官，治國有才

裴松之立身高潔，所以，當官後總是勤政愛民，直言敢諫，勇敢糾正時弊。義熙元年，裴松之擔任吳興的縣令，很有政績，受到了人們的交口讚譽。隨後入京供職。當時，許多士族階層隨意立碑，誇大功績，在社會上產生了不良影響。裴松之向朝廷上奏指出，碑銘之作是昭明後世的刻石紀錄，立碑應具備三個條件，一是澤被後世，被人推崇；二是道德高尚，建立功績；三是出類拔萃，事蹟突出。否則，「勒銘寡取信之實，刊石成虛偽之常。真假相蒙，殆使合美者不貴。」意思是：立碑是關乎歷史和社會風尚的大事，如果沒有為國家建立功績，或者具有高尚的道德操守，隨意立碑就是對世人的褻瀆。因此，那些想立碑的人，都應該向上級申請，經朝廷同意後才可立碑，這樣才能防止虛假，顯揚實情。裴松之的奏章得到批准，從此減少了這種現象。

晉安帝司馬德宗義熙十二年，執掌朝政的太尉劉裕兼領司州刺史，率將軍王鎮惡、檀道濟、沈田子等，兵分五路，水陸並進，攻擊後秦國，沿途收復滑臺（河南滑縣）、許昌、洛陽等重鎮。西元四一七年，劉裕軍攻破長安，滅後秦。這次北伐，取得了巨大的勝利。裴松之擔任司州主簿隨軍北行。整個過程中，裴松之始終總領府事，參與幕府機要。劉裕率軍攻克洛陽後，十分賞識裴松之的才能，稱讚裴松之說：「裴松之廊廟之才，不宜久居邊務，今召為世子洗馬，與殷景仁同，可令知之。」意思是裴松之有治理國家的才能，不應當長時間在外打仗，詔令他為世子洗馬。

宋文帝劉義隆元嘉三年，朝廷遣使巡行各州，裴松之被派往湘州。自湘州歸來，他將所探詢的吏政民情，歸納為二十四項條款，詳細陳述了湘州的政治和經濟的問題，提出了治理湘州的對策，深得宋文帝的欣賞。裴松之由於政績突出，升任為中書侍郎、司冀二州大中正，並賜爵西鄉侯。

一代史學家

裴松之不僅是朝廷大臣，具有治國安邦的才能，還是一代歷史學家，對於三國時期的歷史有精深的研究。他最大貢獻就是對西晉史學家陳壽的《三國志》進行注疏，於五十八歲完成了史學鉅著《三國志注》。陳壽的《三國志》是一部記載魏、蜀、吳三國鼎立時期的紀傳體斷代史。其中，《魏書》三十卷，《蜀書》十五卷，《吳書》二十卷，共六十五卷，全書記載了從魏文帝黃初元年（西元二二〇年），到晉武帝太康元年（西元二八〇年）六十年的歷史。尚書郎範頵上書給皇帝，稱讚陳壽的《三國志》：「辭多勸誡，明乎得失，有益風化。」並請求派人採錄，《三國志》因此得而流傳於世。陳壽敘事簡略，很少重複，記事詳實。在材料的取捨上也十分嚴慎，為歷代史學家所重視。史學界把《史記》、《漢書》、《後漢書》和《三國志》合稱前四史，視為紀傳體史學名著。但是，《三國志》過於簡略，於是在元嘉三年，宋文帝詔令裴松之對《三國志》作注。

裴松之治學嚴謹，一絲不苟；以史為據，實事求是；廣徵博引，力求詳實。紀昀在《四庫全書總目提要》中對裴松之注《三國志》的評價，認為有六個特點：「一是引諸家之論，以辨是非；二是參諸家之說，以核偽異；三是傳所有之事，詳其委屈；四是傳所無之事，補其闕佚；五是傳所有之人，詳其生平；六是傳所無之人，附以同類。」這種嚴謹的治學精神，保證了《三國志注》的史學價值，對於人們了解和研究三國歷史具有不可或缺的貢獻。

裴松之完成了《三國志注》後，向宋文帝上奏《上三國志注表》，說陳壽的《三國志》敘述客觀，史實審正，確實是一部良史。同時，他指出陳書過於簡略，致多史實闕漏。裴松之陳述了自己作注的思想準則，並把注文概括為補缺、備異、懲妄、論辨四種類型。宋文帝翻閱裴松之的書，愛不釋手，讚揚裴松之為「不朽之業」。

《三國志注》的不朽還在於它開創了史注新法。在裴松之以前，史學家對於史書注解時，大多以解釋音義、名物、地理、典物等方法為史書作注。如馬融、鄭玄注《尚書》，賈逵、服虔、杜預注《左傳》，賈逵、韋昭注《國語》，高誘注《戰國策》，徐廣注《史記》等等。而裴松之的注文，不僅包括上述內容，而且增加補缺、備異、懲妄、論辨等名目，遂為注書開創了一種更加完備的體例。注書的目的是保存和提供史料，而且這些史料都經過了注家的精心稽核，從而使人能夠更加深入了解歷史真相。

縱觀古代的家訓，勤奮刻苦是必不可少的。常有人說「一勤天下無難事」，這句話用到裴松之的身上恰如其分。陳壽的《三國志》約三十五萬字，裴松之的《三國志注》竟然三十二萬字，幾乎和原書字數相當。裴松之為了注解《三國志》，廣泛蒐集資料，親自到實地考察。根據統計，書中涉及典籍經部二十二家、史部一百四十二家、子部二十三家、集部二十三家，共二百一十餘家。面對如此龐雜的資料，要進行考證取捨，刪繁就簡，沒有淵博的學問、嚴謹的治學態度和勤奮吃苦的精神，是難以完成的。

第四節　北魏才子裴敬憲

裴敬憲，字孝虞，河東聞喜人。他的父親是北魏時期益州刺史裴宣，重視農業生產，關心百姓疾苦，為官頗有政聲，受到當地百姓的擁戴。裴宣身為益州刺史，公務繁忙，夙興夜寐，可是，對於子孫的教育毫不鬆懈。裴敬憲從小受到了良好的教育，父親讓他讀《論語》、《老子》、《莊子》、《詩經》等書，從那時起，裴敬憲就立下了雄心壯志，長大後立志成為一個學富五車的儒者和詩人。

生活儉樸，教書認真

少年時代，裴敬憲就以博學和才華聞名遐邇。裴敬憲在書房裡讀書，喜歡吟誦，經常可以聽見琅琅的讀書聲，因此，知識特別豐富。他經常教導家族子弟學習文化，盡心盡力。南北朝時期，私學教育十分發達，國家和民間對於教育都十分重視。裴敬憲令子弟們讀《詩經》：「蒹葭蒼蒼，白露為霜。所謂伊人，在水一方。溯洄從之，道阻且長。溯游從之，宛在水中央。」先秦詩歌裡的美好的意象、對於人生的美好嚮往，讓子弟神思不已，憧憬萬分。他為兄弟們講解《論語》、《老子》，孔子的精深思想，對於社會人生的深刻見解；老子對於自然之道的思考，充滿辯證思維的哲思，娓娓道來，春風化雨，滋潤著子弟們的心田。裴敬憲教授子弟認真耐心，絕不敷衍。他有個弟弟在家裡備受寵愛，寫字歪歪扭扭，他就抓著手一筆一畫糾正，直到字寫得端正美觀為止。在他的嚴格教導下，子弟們都很用功。從少年時代到青年時代，裴敬憲以教導子弟為樂，甚至把這事視為一項高尚的事業來對待。裴家的子弟們在裴敬憲的影響和教導下，喜愛傳統文化，每個人進步都很快，形成一種良好的家族讀書風氣。

裴敬憲出身於世家大族，朱衣繡戶，十分富裕，可是，裴敬憲的生活卻十分儉樸，他的衣服破了就請人縫補一下繼續穿，一件衣服穿了好幾年都捨不得扔掉。吃飯時，飯粒掉在了桌子上，立即撿起來吃了。有一次，有客人至家中拜訪，菜餚豐富，客人吃得津津有味。快吃完飯時，剩下一點菜，裴敬憲當著客人的面把剩菜都吃了。客人十分驚訝，說：「你家裡如此富裕，還在乎一點剩菜嗎？」裴敬憲說：「一粥一飯，都是農人春種秋收，辛苦耕耘得來。如果不愛惜，豈不是暴殄天物？」客人聽了他的話後很感慨，說：「想不到裴家作為一個士族，如此儉樸，足見家風純正，令人敬佩！」

古人重視孝悌，兄弟之間恭謹謙讓，互敬互愛，是最基本的倫理規範。裴敬憲性格仁厚，與兄弟和睦相處，淡泊名利，從不斤斤計較。他認為榮華富貴，高官厚祿，不過是人生的一隅，使人得以享受富貴的生活。但是，人生更重要的意義在於有所作為，追求完善的道德品格。他風姿綽約，氣質清雅，言談舉止間給人一種超凡脫俗之感。北魏時期，官府實行民間推薦選拔有德之才的制度。郡國官員經過推舉，任命裴敬憲擔任郡國的功曹。功曹即是郡主的副職，輔佐郡主治理一郡的政務，權力不小，位置重要，可是，裴敬憲一口拒絕，不去任職。官府欣賞他的才華，又任命他擔任其他官職。裴敬憲卻首先推薦他的弟弟任職，自己推辭不做。人們讚賞裴敬憲的孝悌風格，欣賞他的淡泊名利的行為，他的事蹟一時成為美談。

儘管裴敬憲不想當官，可是，由於他才華出眾，屢屢受到推薦，後來，裴敬憲不得已擔任了太學博士。裴敬憲擔任太學博士後，對人依然謙和有禮，一點傲氣都沒有，人們與他談話，總是有如沐春風之感。這都是因為裴敬憲的學識和雅量，讓人們感佩不已。據史書記載，裴敬憲「性和雅，未嘗失色於人」，意思是他性格溫和文雅，從未對人發過脾氣。這樣的修養真是難得，只有很有素養的人才能做到。現代人心浮氣躁，稍有不如意就爭執攻訐，不依不饒，相比於裴敬憲的氣度和涵養，如同一面鏡子，讓我們找到了差距。

詩書樂大家

裴敬憲少有才名，長大後在當地負有盛名。他是有名的書法家，擅長隸書和草書，在當世很有影響。他還懂音樂，撫琴寄託高遠的情思。他經常參加當地文人的聚會，文人唱和，彈琴賦詩，贏得人們的好評。北魏歷代皇帝喜愛儒家典籍《易經》、《論語》，也欣賞《老子》、《莊子》，吟詩作賦，影響了社會風氣。《魏書．高祖孝文帝紀》載：「孝文帝雅好讀書，手不釋卷。《五經》之義，覽之便講，學不師受，探其精奧。史傳百家，無不該涉。善談《莊》、《老》，尤精釋義。才藻富贍，好為文章，詩賦銘頌，任興而作。」

裴敬憲擅長五言詩，聲名遠播，後進學子以他為宗師，十分敬慕。《北史．文苑傳序》：「於時……河東裴敬憲、弟莊伯，雕琢瓊瑤，刻削杞梓，並為龍光，俱稱鴻翼。」稱讚裴敬憲的精美詩歌。有一次，朝廷大臣聚集在黃河渡口，送別遠征的大將軍，一時冠蓋如雲，車馬蕭蕭。文人才子賦詩作別，紛紛吟誦，為之壯行，裴敬憲也賦詩送行。人們認為裴敬憲的五言詩放逸高遠，清麗絕美，紛紛嘆賞不已。

北魏孝明帝元詡孝昌年間，戰亂頻仍，戰火紛紛。四川的叛軍首領陳雙熾率叛軍四處搶掠，十分殘暴。叛軍經過了裴敬憲的住宅，卻十分小心，互相約束，不准燒毀裴敬憲的住宅。原來是裴敬憲十分仁義，對鄉里人十分友好，人們都感恩他的仁德。自然，那些叛軍也被裴敬憲的仁德所感動，不敢在裴敬憲的家鄉燒殺搶掠。

第五節　詩酒才情裴伯茂

翻閱裴氏歷史人物的傳記，可以看到他們文武兼備，文可青史留名，武可平定天下，成為國家柱石。裴伯茂是東晉司空中郎裴叔義的第二子，北朝著名詩人、文學家，官至中軍大將軍，封爵平陽郡伯。中軍是中央直接統轄的部隊，其職在於保衛皇宮和京師。中軍大將軍的地位僅次於驃騎將軍，可見，裴伯茂擔任的職務之重要。

刻苦讀書，才思敏捷

裴氏家族之所以人才輩出，世代不絕，關鍵在於從幼年時期就注重子孫的教育，這是裴家家教家風的重要特徵。我們前邊講了那麼多裴家人物故事，都可以看到年少成才的痕跡。對於裴伯茂來說，也有相似的經歷。

刻苦讀書的人並不一定痛苦，因為學習為我們開啟了一個全新的世界，提供了寬廣的視野，本來應當是快樂的。裴氏家訓說：「人不讀書，馬牛襟裾。學而時習，其樂有餘。」那時的兒童教育以私塾為主，裴家請的老師教育很嚴格，甚至說有點嚴厲。

每天教孩子識字讀經，布置的作業必須完成。如果作業沒有完成，或者字寫得歪歪扭扭，手心就要挨打。裴伯茂寫的字又快又好，常常得到老師的誇獎，自然不會挨打了。當看到老師對他的滿眼期望時，裴伯茂更加努力了。

裴伯茂少年時代就博覽群書，才思敏捷。據說，他十歲左右就可以寫文章，每天讀書上萬字，從不間斷。由此，他訓練出了驚人的記憶力，有的人背誦一篇文章需要一兩天，他甚至看上兩三遍就倒背如流，令人稱奇不已。《論語》中的精彩對答、《史記》中的傳奇故事，讓他傾心不已，陶醉其中，竟然廢寢忘食。有一次，北風蕭蕭，大雪紛飛，白天讀書入迷，望著窗外雪白，他還以為天沒有黑呢！直到家人都起床了，他才明白時間已經是第二天黎明了。兄弟們看著他惺忪的眼睛、被蠟燭燻黑的臉龐，竟然像個戲劇人物的臉譜一樣，又是好笑，又被他的學習精神所感動，大家都下定決心像他那樣讀書，將來有所成就。

居功不傲，淡泊名利

北魏孝明帝元詡孝昌年間，四川西部發生叛亂，叛軍首領陳雙熾率叛軍四處搶掠，十分殘暴。大將軍京兆王繼率領大軍西征，討伐亂軍，裴伯茂擔任行臺郎中。他積極謀劃，獻計獻策，發揮了自己的軍事才能，幫助剿滅了亂軍，為平叛立下了汗馬功勞。平叛結束後，裴伯茂被封為平陽伯，加官散騎常侍。裴伯茂才華橫溢，軍功赫赫，可是，他從不以此驕傲，反而把這些功名看得很淡。他生性散淡，待人隨意，從不擺什麼架子，因而深得人們的喜愛。一次，他帶著隨從赴朝廷的盛會，只見參加朝會的官員，紫衣錦帶，奴僕隨從成群，威風八面。可是，他卻穿著隨便，十分儉樸，只帶了一個僕人就來了。皇帝讚揚裴伯茂官職顯赫，卻能約束自己，沒有奢侈鋪張之氣，於是更加看重他了。

裴伯茂在北朝動盪的官場中，能夠一步一步升到中書侍郎、中軍大將軍這樣的職位，與他的謙虛低調不可分割。當時的士大夫評價裴伯茂說，位高權顯，不自傲，對人無論官職高低，賢能愚昧，都能赤誠相待，一視同仁。他的這種散淡的性格和寬厚的胸懷，受到人們的讚揚。

裴伯茂性格達觀，疏放豪邁，尤好飲酒。每當他得了幾瓶好酒，就邀請文人們吟詩作賦，談玄論道，大家互相唱和，聒噪不已，不醉不休。裴伯茂醉酒後的神態，對於人生的達觀，深深地折服了在座的文士們。裴伯茂特別喜歡莊子的思想，他曾經寫了一篇〈豁情賦〉，在前作序說：「余攝養舛和，服餌寡術，自春徂夏，三嬰湊疾。

雖桐君上藥，有時致效；而草木下性，實縈衿抱。故復究覽莊生，具體齊物，物我兩忘，是非俱遺，斯人之達，吾所師焉。故作是賦，所以託名豁情，寄之風謠矣。」意思是我學習養生之術，煉丹吃藥，從春至夏沒有間斷過。吃了桐君上等的丹藥，時時有一種效果。而草木各自有特徵，確實讓我思考。所以反覆探究莊子的思想，具體到與萬物齊一、物我兩忘的境界，是非有別，桐君的達觀，是我所宗師的。所以我寫了〈豁情賦〉，寄託一種社會風尚。由此可見，裴伯茂的豁達性格，與他對莊子思想的理解息息相關。

文人處於朝廷，位列大臣之中，性格豪放不羈，難免得罪權貴。宮廷設宴時，裴伯茂寫詩作賦，忍不住拿起梨子拍在桌子上，無意間得罪了殿中尚書章武王景哲，他上書皇帝說：「以梨擊案，傍汙冠服，禁庭之內，令人挈衣。」皇帝下詔交給刑部審議，裴伯茂卻沒有受到懲辦，僥倖躲過了災難。

性情瀟灑，廣結文人

裴孝通是裴伯茂的表弟，河東汾陰人，在朝廷中很有名聲，深受皇帝寵愛。他曾經和皇帝對詩道：「既逢堯舜君，願上萬年壽。」皇帝道：「平生好玄默，慚為萬國首。」可見，裴孝通的學識很受皇帝賞識。裴伯茂性格豪俊，對人多所輕忽，唯獨欣賞裴孝通的才華，每當寫下了作品，就拿去與裴孝通討論。裴孝通與他開玩笑說：「你認為阮籍和嵇康，比得上管仲和樂毅嗎？」話中含有譏笑裴伯茂的意思。裴伯茂笑而不答，依然瀟灑自若，不以為意。

北齊時期，由於統治者重視儒家思想，喜歡吟詩作賦，所以社會上形成了濃厚的文學氛圍。襄城景王高淯、廣寧王高孝衍、蘭陵武王長恭等人，都招納文人，形成文人團體。同時，文人之間互相交往，唱和應答，遊山玩水，以景抒情，形成了更大規模的文人陣營。裴伯茂作為文學家，是文人中的佼佼者。

裴伯茂性格豪爽，生性善飲，時日積久，對身體造成了嚴重的傷害，竟然得了病。他去世前數日，突然對人神祕地說：「我得到密信，朝廷要逮捕我。」於是，便與他的妻子乘車西逃。後來他又指著牆壁，說有官府的人來追趕，妻子才知道他精神出了問題。死後，埋葬在家中的園子裡。

裴伯茂去世後，他的文友常景、李渾、王元景、盧元明、魏季景、李騫等十多人，在他的墓旁擺酒祭奠，一個個痛哭流涕，將酒澆在地上，邊飲酒邊說話，他們說：「裴中書魂魄有靈，知道我們來看你了嗎？」文士們每人各賦詩一首。當時遠在晉陽的另一位文人魏收，也寫詩評論裴伯茂，其中兩句：「臨風想玄度，對酒思公榮。」人們認為這兩句詩既概括了裴伯茂的性格，又表達了朋友們對於他的深切思念。

第六節　律法專家裴政

裴政，字德表，河東聞喜人。南朝梁豫州刺史裴邃的孫子，信武將軍裴之禮之子。南朝時官至給事黃門侍郎、鎮南府長史。隋朝建立後，裴政擔任率更令，加位上儀同三司，進散騎常侍，轉左庶子，出為襄州總管。著有《承聖降錄》十卷、《隋律令》、《隋開皇令》三十卷、《周律》等，是中國古代律法專家。

早年步入仕途，戰績顯著

裴政性格勇敢剛強，智勇雙全，堅貞不屈。他從小勤奮好學，強身健體，很有聲譽，十五歲步入仕途，擔任南朝梁邵陵王府法曹參軍。太清二年八月，南朝梁國大將侯景以清君側為名發起了武裝叛亂。「侯景之亂」爆發後，壯武將軍裴政隨建寧侯王琳出兵討伐。他作戰勇敢，身先士卒，生擒首領宋子仙，收復了被叛軍占領的荊州。在這次平亂中，裴政立下了赫赫戰功，被授予給事黃門侍郎。

裴政接著又輔佐王琳力拒叛軍，在大戰中取得勝利。這次戰鬥結束後，裴政升為平越中郎將、鎮南府長史。西魏軍隊圍攻荊州，裴政與王琳從桂林出兵，星馳赴援，行至長沙，裴政請抄小道馳援荊州，至百里洲被西魏軍俘獲。西魏大將蕭詧軟硬兼施，企圖讓裴政投降。蕭詧對裴政說：「我是武皇帝之孫子，不能當你的君主嗎？你何必為他丟掉性命！如果聽從我的計謀，就可以享受榮華富貴，免遭腰斬之刑。」但是裴政義正詞嚴，寧死不屈，絕不苟且偷生。蕭詧無奈，只好把裴政鎖在木籠中，懸掛到城牆上，企圖透過裴政之口詐騙梁軍投降。裴政表面上答應了蕭詧的話，但被放下來，立刻一反前言，慷慨陳詞，勉勵大家努力戰鬥，堅持到最後一分鐘。同時說，他自己不幸被俘虜，無以報國，寧為玉碎，不為瓦全。西魏兵一聽裴政這麼說，拿起鞭子用力打去。裴政滿口血流如注，但仍怒罵不止，終不改悔。蕭詧大怒，馬上下令處斬裴政，以解心頭之恨。裴政照樣怒罵不止，毫不畏懼。這時蕭詧的手下說：「裴政在梁軍中很有威信，殺了裴政無濟於事，適得其反，並不能占領荊州。」裴政因而保住了性命。不久，叛軍攻入了梁朝首都建康，梁武帝被活活餓死了，梁朝滅亡了。後來，鮮卑人宇文泰建立了北周政權，格外欣賞裴政堅貞不屈的性格，授予裴政員外散騎侍郎，行走於相府。

執法公正，受人尊敬

裴政待人寬厚，通曉律令，見聞廣博，記憶力強，很有才能。他認真研究當時社會的治理情況，了解民間疾苦，同情窮苦百姓的境遇，對初次犯罪的百姓，並不馬上揭發；嚴厲打擊那些為所欲為、橫行鄉里的惡霸，絕不姑息。他到一處官府任職時，文書案卷堆滿桌子，許多疑案難案沒有得到解決。他翻閱案卷，了解實情，細細訪查，傳喚當事人進行審問，做出公正的判決，受到人們的稱讚。

裴政執法嚴格，沒有量刑過度的情況，甚至那些判死刑的犯人對裴政也心服口服，沒有怨言。裴政對於判死刑的囚犯也有人之常情，准許他們的妻子兒女到獄中看望，交代後事。古時處決罪犯一般都在秋後處決，那些犯人們感慨地說：「裴大夫判處我們死刑，悔不當初，罪有應得，死而無恨！要讓子女們好好做人，不要知法犯法。」由於他執法公正，受人尊敬。

裴政做人誠實謹慎，堅持真理。他在隋朝建立後任左庶子，糾正了許多不合理的事，得到人們的讚譽。右庶子劉榮專橫固執。當時宮廷軍士輪流值班，通事舍人趙元愷奉命寫文書，文書還沒來得及寫完，太子就再三催促，劉榮就對趙元愷說：「你口頭陳奏即可，不必寫出文書。」等到上奏時，太子問文書在哪裡？趙元愷說：「秉承劉榮的意思，沒有寫出文書。」太子就拿這件事責問劉榮，劉榮否認，說：「我沒說過這種話。」太子把這件事交給裴政審問處理。裴政還沒來得及陳奏，劉榮的親信先對太子說：「裴政想陷害劉榮，處理這件事不合實情。」太子召裴政予以斥責，裴政辯解說：「大凡處理案情有兩點，一是明察實情，二是依據證人證詞，辨明實際情況，來判定是非。我推斷劉榮位高權重，即使劉榮確實告訴過趙元愷，也不過是很小的過錯，按道理說，不必隱瞞。另外趙元愷受制於劉榮，怎敢拿毫無根據的話誣陷牽累劉榮？趙元愷找出左衛率崔茜等人作證，崔茜等人交代的情況和趙元愷所說完全相符。情由既然難分是非，就應當根據證人證言來判定。我認為劉榮告訴過趙元愷，趙元愷說的是實話。」太子聽了裴政的分析，認為很有道理，對於他正直公正的行為予以褒揚。

裴政光明磊落，剛正不阿，他總是當面指出別人的過錯，背後絕不議論。當時有個官員叫雲定興，每次進宮侍奉太子都準備些奇裝異服和珍奇的器物，進獻給東宮。裴政多次懇切勸諫，反對這樣做，可是，太子就是聽不進去。裴政找機會對雲定興說：「您的所作所為，不合禮儀制度，這會壞了太子的名聲。請你不要這麼做，否則惹禍上身。」雲定興大怒，把這話告訴了太子，太子於是疏遠裴政，並因此將他調出京城做了襄州總管。裴政離開京城時，沒有帶妻子兒女，把所得的俸祿分給下屬官吏。

制定隋朝法律《開皇律》

裴政對於歷史最大的貢獻，就是主持制定了隋朝的法律《開皇律》。裴政一生經歷了南朝梁、北周、隋三個王朝，憑其忠貞不二的品性和超人的學識，受到了歷代帝王的賞識。隋朝皇帝楊堅，詔令裴政與蘇威等人修訂刑律。

在北周時，裴政擔任過刑部下大夫，並且政績顯著，他對漢魏以至齊梁的刑法條律都有深入的研究。裴政博覽各朝律典，區分良莠，以待參考。參與編纂者十幾人，由於裴政超人的才華和見地，凡疑滯不決的問題皆要取決於他。開皇三年，在以裴政為首的十幾人的努力下，《開皇律》終於制定完成了。這部法律學鉅著，集隋朝以前法律之大成，根據時代和社會治理的需求，對許多法律條文進行了修正，在法治史上具有劃時代的意義，對以後各朝的刑法制度產生著深遠的影響。

第七節　書畫鑑賞家裴孝源

裴孝源，河東聞喜人，活躍在初唐時期，官至中書舍人、吏部員外郎和度支郎中等，著有《畫品錄》、《貞觀公私畫史》，是中國歷史上著名的書畫鑑賞家。

從小熱愛繪畫，精心研究

一個家族的興盛或衰落，與對子孫的教育密不可分。裴氏家族的最大特點，就是子孫們都勤奮學習，學有專攻，從而成就了家族的輝煌。正如裴氏家訓所言：「家庭教育，立人丕基。誨爾諄諄，性乃不移。」

遙想唐代初期，聞喜裴家氣象，院落重重，書房裡的圖書層層疊疊，典藏雲集，琳瑯滿目，書香沁人。裴孝源就生活在這樣的家庭，他每天凌晨就起床，學習儒家經典，涉獵佛教知識，飽讀詩書，遍及百科。裴孝源最喜愛的是歷代繪畫，他精心研究古代流傳下來的名畫名帖，揣摩畫家的筆法、立意、色彩，體會畫作所表達的意境。有時候，他對著一幅畫能夠端詳一天，畫中人物的一顰一笑、每個神態，衣帶褶皺、紋飾圖案，奇山異水、巉巖深潭，亭臺樓閣、一草一木，他都仔細揣摩，很有心得。古人常說讀萬卷書，行萬里路。裴孝源經常到各地拜訪著名的畫家，探討繪畫知識和理論，互相切磋，提高鑑賞品味。

結識大畫家李元昌

裴孝源後來到朝廷中當了官，擔任中書舍人。中書舍人是個十分重要的宮廷官職。「舍人」之名始見於《周禮．地官》，本是君王或貴族的親近屬官。《漢書．高帝紀》顏師古注：「舍人，親近左右之通稱也。」魏晉時於中書省內建「中書通事舍人」，至南朝梁去通事之名，改稱中書舍人。唐代的中書舍人僅次於侍郎，掌呈進章奏、撰作詔誥、委任出使之事。這個官職為裴孝源提供了接近宮廷藏畫的大好機會。也是在這個任職期間，裴孝源結識了書畫家李元昌。

李元昌是唐高祖李淵第七子，太宗李世民異母弟，李淵封其為魯王，李世民改封為漢王。李元昌的書法造詣極高，他受業於當時著名的書法家史陵，學習王羲之、王獻之的書法，童年時就精通書法筆意。善於行書，也善於畫馬，筆墨妙絕。尤其擅長畫鷹鶻雉兔，為當時人所嘆服。他間作人物，博綜技藝，頗得風韻，自然超舉，據說藝術水準不輸於大畫家閻立本。《唐書本傳》、《新唐書．藝文志》、《唐朝名畫錄》、《歷代名畫記》、《畫後品》、《宣和畫譜》等書，對於李元昌的書畫都有記載。裴孝源常受邀參加李元昌的宴會和集會，每每畫家名流雲集，美酒佳人佐興，真是一場場研究藝術的盛會。每當空閒時間，李元昌就找來裴孝源，兩個人共同欣賞畫作和書法作品，討論其藝術價值，探討繪畫流派，談得頗為投機，引以為知音。於是，李元昌就讓裴孝源寫一本書，品評魏晉以來的前賢遺跡，評品其品格高下，供人們欣賞。

裴孝源領命後，開始了這個浩繁的繪畫整理工程。他進行了三項工作，一是閱覽宮廷所藏畫冊，檢閱前人留存的畫作；二是鑑賞私人進獻的畫作。那時官宦名門都有收藏繪畫作品的習慣，他們把其中的一些作品貢獻給李元昌，使裴孝源得以盡情欣賞；三是去寺院道觀訪察壁畫，研究藝術風格，判定品味高下。這是一項極為艱苦的工作，在那個交通不發達的年代，裴孝源足跡遍及各地著名的寺觀，拜訪高僧和道士。那時的佛寺道觀即是讓人們心靈膜拜的場所，也是文人士子會聚的雅舍，許多畫家都被邀請畫壁畫，壁畫成為畫家揮毫濡墨展現才華的地方。人跡罕至的佛寺道觀道路崎嶇，裴孝源也要親臨觀摩，他的鞋子磨破了，腳上起了水泡，也在所不辭。有時上山時遇到了猛獸，驚險異常，可是他依然堅持完成。裴孝源在各個寺院道觀觀察壁畫，品評畫作，與高人進行交流，了解寺觀的歷史，探索壁畫的時代背景，研究畫家的生平事蹟。這樣，使他能夠全面了解許多寺觀的壁畫，鑑賞能力不斷提升。

編撰鑑賞著作《貞觀公私畫史》

經過艱苦卓絕的努力，裴孝源終於完成了中國歷史上第一部繪畫鑑賞著作——《貞觀公私畫史》。所收作品上迄曹魏高貴鄉公時期，終於大唐貞觀十三年，起於祕府及佛寺並私家所蓄，全書共二百九十八卷（當時稱畫幅為「卷」），收錄了四十七處壁畫，隋唐官本畫卷計二百三十卷，這些畫作得之於楊素收藏的二十卷，其餘為蕭璃、許善心、褚安福等人所收藏。書中透過縝密的考證，指出了其中三十三卷恐非晉代宋人真跡。

該書的宗旨在於收錄古畫名目，對於每件畫作予以品評，列為先後，進行分類，確定高下品味。所有這些作品都載明了作者、畫名、真跡或摹本、件數、題識、印記、來源等，並按《太清目》（南朝梁之官庫藏畫目錄）注明是否已收入該目。書中對於歷史上的名畫家如顧愷之、閻立本、陳善見、王知慎等人的畫作都有紀錄，可以說蔚為大觀，令人神往。裴孝源評價顧愷之的畫能傳人物之神，「思侔造化」；閻立本的人物畫「像人之妙，號為中興」，等等，都非常恰當，很有見解。

裴孝源在《貞觀公私畫史》的序言中全面闡述了古代繪畫史的發展流變，強調遠古時期傳說中的伏羲氏就設置了「掌圖之官」，一直傳承到了虞夏殷周及秦漢之代；同時，並論繪畫之功能在於彰昭忠臣孝子，賢愚美惡，以示教化，提出了「心存懿跡、默匠儀形」的繪畫理論，深刻闡述了繪畫的本質，對於後世畫家頗有啟迪作用。

此書堪稱著錄名畫之祖，對於研究繪畫史具有重要的價值。該書為中國現存最早的一部名畫著錄，是考察唐代貞觀初年繪畫名蹟的重要史料，也是鑑賞家品評古代畫跡的祖本。

第八節　傳奇文學的鼻祖裴鉶

裴鉶，字號、籍貫、生卒年均不詳，只知道他生活於唐代末期。唐咸通九年為靜海軍節度使高駢掌書記，加侍御史、內供奉；乾符五年以御史大夫為成都節度使副使。裴鉶是唐末著名的文學家，著有《傳奇》三卷，《新唐書・藝文志》記載，該書記錄的多為神仙詭譎之事。

出身平常，仕途順利

有關裴鉶的生平，只在《全唐文》中有簡略的記載：「鉶，咸通中為靜海軍節度使高駢掌書記，加侍御史內供奉，後官成都節度副使，加御史大夫。」結合裴鉶所撰寫的〈天威徑新鑿海派碑〉和《傳奇》一書中所反映的廣闊的社會情境，描寫的各地自然景觀，可以了解裴鉶一生的經歷，探知他的思想和行蹤。讀書學習，是裴氏家教家風不可或缺的一環。裴鉶家學深厚，童年就讀了許多書，遍涉經史子集，學識淵博。他閱讀《史記》時，司馬遷對於漢代以前的歷史記載讓他特別佩服，尤其喜歡司馬遷描述的俠客類的古代英雄，他們的事蹟讓他神往。他瀏覽志怪小說，如東方朔的《神異經》、張華的《博物志》、干寶的《搜神記》、葛洪的《神仙傳》等書，這些書中奇異的想像、鬼神故事、奇聞逸事等，都令他留下了深刻的印象。他還喜歡研究道教，對於道教的煉丹養生之術、劍術有著濃厚的興趣，掌握了許多道教知識。這些學習內容，為他以後創作傳奇小說奠定了基礎，提供了不竭的創作泉源。由此可知，一個作家的興趣愛好和讀書習慣，對於他以後的創作有著很大的影響。

裴鉶出身自一個普通家庭，並不顯貴。裴鉶在唐末變動不已、動盪不安的大環境下，透過自己的努力奮鬥，擔任了靜海軍節度使高駢的文書官吏。擔任文書職務期間，他奔走於邊陲，不辭勞苦，不畏艱險，完成高駢交付的各項事務。裴鉶為人正直，做事俐落，從不拖延，受到了高駢的欣賞。由於政績突出，裴鉶擢升為御史大夫。乾符五年，裴鉶擔任了成都節度使副使，成為執掌一方軍政大權的要員。

傳奇小說應運而生

唐朝末期，藩鎮割據，節度使勢力擴大，唐王朝的統治受到威脅。尤其是爆發了大規模的黃巢起義，對唐朝的統治造成沉重的打擊。皇帝派大軍鎮壓地方起義，烽火連天，兵戈連連，戰火所經之處白骨遍野，荒無人煙。儘管地方起義被鎮壓了，但是，長期的戰亂和藩鎮割據，造成了經濟衰退，社會動亂，人民生活處於動盪不安之中。面對不安定的社會、莫測的命運，人們對現實感到迷茫，或者嚮往逃避現實求仙問道的出世生活，或者寄希望於俠客英雄出現，助強扶弱，懲處惡人，脫離苦難。社會呼喚著這方面文學題材的出現，裴鉶的傳奇小說應運而生，為人們帶來了精神的慰藉。

裴鉶的傳奇小說，對唐代小說的繁榮和發展做出重大貢獻。唐代小說之所以稱為傳奇，便是以裴鉶的《傳奇》一書命名的。《新唐書．藝文志》記載，《傳奇》著錄共三卷，後來散佚。鄭振鐸先生從《太平廣記》中輯佚二十四篇，周愣伽先生在鄭振鐸的基礎上，從南宋曾慥《類說》和宋人陳元靚《歲時廣記》上輯錄部分篇章，擴展為三十一篇。

裴鉶的《傳奇》所表現出的高超的文學水準、豐富奇異的想像力、美妙的藝術構思，在社會上產生了廣泛的影響，可謂洛陽紙貴，競相傳抄。裴鉶的作品，對於後人了解裴鉶的思想、觀念、藝術等，都具有重要的作用。他創作了許多性格鮮明的人物形象，透過精準的語言、跌宕起伏的故事，讓人如聞其聲，如見其人，栩栩如生，至今都感動著讀者。

《傳奇》的代表作

裴鉶的小說看起來寫的是俠客之事，其實反映的是現實生活。比如〈聶隱娘〉中的俠女故事。聶隱娘為魏博大將聶鋒之女，十歲時被一女尼用法術「偷去」，教以劍術，能白日行刺，人莫能見，五年後乃送歸其家。身懷絕技的聶隱娘，自擇一個僅會磨鏡、並無他能的少年為丈夫。聶父死後，魏主帥與陳許節度使劉昌裔不和，欲令聶隱娘暗殺之，隱娘卻轉而投奔劉昌裔。主帥另派精精兒與妙手空空兒前往暗殺，隱娘又以法術破之。後劉昌裔入覲，聶告別而去。聶隱娘不知何處。劉昌裔死時，聶隱娘騎驢到了京師，在劉的靈前大哭而去。

唐文宗開成年間，劉昌裔的兒子劉縱任陵州刺史，在四川棧道上遇見了聶隱娘，面貌仍和當年一樣，彼此很高興能夠重逢，她還像從前那樣騎一頭白驢。她對劉縱說：「你有大災，你不應該到這裡來。」她拿出一粒藥，讓劉縱吃下去。她說：「來年你不要當官了，趕緊回洛陽去，才能擺脫此禍。我的藥力只能保你一年免災。」劉縱不太相信，送給聶隱娘一些綢緞，聶隱娘沒有收下，飄飄然而去，如神似仙。一年後，劉縱沒辭官，果然死於陵州。從那以後再沒有人見過聶隱娘。

書中內容詭怪荒誕，但也反映了一些歷史真實。中唐以後暗殺之風盛行，藩鎮之間相互殘殺，必須收羅一些具有特殊技能的俠士作為護衛。這些俠士，或出於個人的恩怨，或取捨於藩鎮勢力的強弱，實際上充當了藩鎮爭權奪利的工具。這樣的作品，深刻地揭露了唐代藩鎮割據、爭權奪利、互相殘殺的真相。全書只有本篇和〈紅線〉寫的是女俠，成為後來女俠小說的雛形。

《傳奇》還間接反映了當時黑暗的社會現實。比如〈崑崙奴〉，描寫唐代窮奢極欲的一品大官勛臣，恃勢掠奪民間女子紅綃為歌妓，崔生帶著護衛崑崙奴去勛臣家拜訪時，喜歡上了紅綃。勛臣家有惡犬警覺如神，凶猛如虎。崑崙奴磨勒打死了惡犬，促成了崔生和紅綃見面。趁著茫茫夜色，崑崙奴磨勒背著崔生和紅綃，飛出高牆大院十幾里，勛臣家的守衛都沒發現。天亮了，家人才發覺紅綃不見了，又看到了犬已死，勛臣大吃一驚，說：「我家牆高院大，警衛森嚴，門戶緊鎖，來人是飛騰而來，沒留一點痕跡，必定是俠士所為，這事不要聲張，以免惹禍招災。」兩年後，勛臣發現這是崑崙奴磨勒所為，命令五十名士兵，持兵器包圍了崔生的院子，命他們抓捕崑崙奴磨勒。崑崙奴磨勒面對士兵，手持匕首，飛出高牆，輕如羽毛，快如鷹隼。儘管勛臣士兵的箭矢如雨，卻沒能射中磨勒。頃刻之間，磨勒不知去向。崔家卻是一片驚慌，勛臣也有些後悔和害怕，每到晚上，安排了很多持劍執戟的家丁自衛巡邏。

這故事反映了崑崙奴磨勒行俠仗義的精神，拯救被壓迫的弱女子，成全青年男女對幸福愛情的追求，反映了人民的願望，頗具浪漫色彩。〈崑崙奴〉成為後來武俠小說、戲曲的濫觴。元代楊景言雜劇《磨勒盜紅綃》，佚名的南戲《磨勒盜紅綃》，明代梅鼎祚的傳奇《崑崙奴劍俠成仙》，梁辰魚的傳奇《紅綃伎手語傳情》，都是根據〈崑崙奴〉改編的。當代作家金庸認為，〈崑崙奴〉是中國最早的武俠小說之一。

〈裴航〉是《傳奇》中最為著名的一篇。唐朝長慶年間，有個秀才叫裴航，因科舉考試不中到鄂渚去漫遊，拜訪故舊友人崔相國。途中喜歡上一個女子樊夫人，但兩人卻沒有緣分。臨別時，樊夫人送裴航一首詩：「一飲瓊漿百感生，玄霜搗盡見雲英。藍橋便是神仙窟，何必崎嶇上玉清。」意思是裴航肯定能遇到意中人。裴航於藍橋驛遇到一位織麻老太太，她有個孫女叫雲英。裴航一見鍾情，想娶雲英為妻，老太太告訴他：「我現在年老多病，只有這個孫女。昨日有神仙賜給我藥，必須用玉杵臼搗藥。欲娶雲英，須以玉杵臼為聘，為我搗藥一百日。其餘金帛等物，我沒有用它之處。」裴航拜謝說：「我願意以百日為期限。一定帶玉杵臼到來，再不要應許別人。」裴航經過千辛萬苦，得到了玉杵臼，親自為老太太搗藥，終於與雲英結為夫妻。兩人婚後雙雙入玉峰洞，成仙而去。宋人雜劇《裴航相遇樂》，元代戲曲家庾天錫的《裴航遇雲英》，明代龍膺的《藍橋記》，楊之炯的《玉杵記》，清代黃兆森的《裴航遇仙》雜劇，以及《裴航遇雲英》、《藍橋記》等宋人話本小說，都是取材於裴鉶的這篇傳奇小說。

裴鉶的三十一篇傳奇小說各具特色，題材也不拘一格，非常寬廣，藝術價值極高。它格調優美，融志怪與詩情畫意於一體，故事情節奇幻詭譎，細膩婉轉；結構布局跌宕起伏，搖曳多姿；人物形象血肉豐滿，個性鮮明；語言婉約流麗，詞采華茂。它在後世的流傳過程中備受文人墨客青睞，對後世小說、戲曲的創作產生了深遠的影響，因此，被後世譽為傳奇小說的鼻祖。

第九節　熱衷教育的裴元長

裴元長，生卒年沒有詳細記載。山西沁州人，考中舉人，曾任山西朔州訓導。後任江蘇崑山縣令，一生兩次擔任江南同考官。

靠讀書改變命運

裴元長生活在沁州一個普通的家庭，家裡相當重視他的教育，希望他長大後金榜題名，光耀門楣。小時候，父親為他講述歐陽脩畫荻寫字的故事，讓他印象深刻。歐陽脩是唐宋八大家之一，小時候家裡很窮，買不起紙筆。他的母親鄭氏看到池塘邊長滿了荻草，突發奇想，就用荻草稈作筆，沙地當紙，教歐陽脩寫字。歐陽脩用荻草稈寫字，反反覆覆，錯了就改正，直到寫對為止。長大後金榜題名，成為一代文學家。裴元長透過歐陽脩的故事，明白了科舉考試是讀書人通向仕途的基本途徑，所以，讀書格外認真，也很爭氣，十幾歲就考上了秀才。幾年後參加鄉試，考上了舉人。

裴元長考中舉人後，家裡滿心希望他當官，可是他卻被安排到朔州做訓導。訓導為古代官職，在清朝屬於從七品，職責通常為輔佐知府，負責教育方面的事務。家人不滿意，裴元長卻很高興。因為他記得孟子的人生之樂是「得天下英才而教育之」，管理一個地方的教育，那是多麼重要的事情啊。他的理想是普及教育，培養人才，教化社會，扭轉社會風氣。

朔州努力辦教育

在古代來說，朔州是個偏遠落後的地方，自然環境差，生活艱苦。裴元長到了朔州後，看到州學建築破敗，年久失修，甚至有的地方漏水，嚴重影響了生員們讀書。他十分焦急，立即向知州反映情況，指出州學建設的緊迫性，並動員生員們一起工作，盡快修好州學建築。裴元長帶頭捐出俸祿，盡一份力量，經過一段時間的努力，終於修好了。生員們在寬敞明亮的州學學堂中努力學習，州學的學風為之改觀。

朔州所轄的幾個縣如右玉縣、左雲縣、馬邑縣山高路遠，交通不便。為了推展這些縣的教育事業，裴元長經常翻山越嶺，不辭勞苦，到這些縣訓導督學。古代的交通工具無非是驢車馬車，甚至常常是徒步旅行，有時鞋子磨爛了，有時遇到危險，他都一一克服。他關心轄縣的教育狀況，制定措施，積極促進當地教育事業的發展。

裴元長做訓導時，特別強調教學方法，主要有四個面向：一是立德為本，注重德育。《論語》：「君子務本，本立而道生。」品德為做人之本，如果一個人品德不端，立身就錯了，其他的就不用說了。

二是因材施教，循循善誘。中國古代實行的是禮、樂、射、御、書、數為主體的「六藝」教育體制，在此基礎上學習經史子集，參加科舉考試。他根據學生不同的興趣愛好，加以培養引導，絕不偏廢。

三是尊師愛生，授業解惑。他為學生講授《禮記．學記》：「凡學之道，嚴師為難。嚴師然後道尊，道尊然後民知敬學。」指出先賢把天地、先祖、君師三者相提並論，認為君師是治理國家的根本，尊師重道事關知識的傳播和治國安邦的大業。正如荀子所說：「國將興，必貴師而重傳……國將衰，必賤師而輕傳。」

四是普及教育，關心貧窮學生。他在朔州當訓導時，注重鄉村教育，到貧窮落後的鄉村查看私塾辦學情況。他發現一些學生由於家庭貧困，無力上學，於是主動登門訪問，了解情況，予以幫助。

江南任職，重視教育

由於政績突出，裴元長被提拔任崑山縣令，不久又署理常州。在此期間，裴元長依然注重教育，把教育作為治理地方的大事，注意推展當地的教育事業，培養人才，收到了顯著效果。

裴元長在崑山和常州期間，還兩次擔任同考官。所謂同考官，是明清兩朝鄉試、會試中協同主考或總裁閱卷的官員，因在闈中各居一房，又稱房考官，簡稱房官。考試閱卷方法是：試卷分發各房官先閱，加批薦給主考或總裁。同考官的工作相當重要，對考生錄取具有關鍵影響。江南出才子，明清之際，舉行了多次的科舉考試，殿試三甲往往被江南考生奪得。裴元長一絲不苟，嚴格選拔人才，絕不徇私情。經他審閱的考卷，對考生的評語和選拔，受到同僚的肯定。裴元長在文化發達、才子雲集的江南任職，他的學識、才能得到了充分的發揮，也受到了江南士子的高度評價。可以說，裴元長在江南的工作，對於推動當地的教育發展，做出了很大貢獻。

裴元長為人正直，古道熱腸，崇尚忠孝精神。他在〈重修關帝廟碑記〉中道：「自古忠義冠當時，節烈昭奕世者，強足以隆重祀典垂永久，歷千百年而不衰。若蘇子卿，若侍中，若睢陽，若魯公，以及武穆文三輩，皆其卓然表見者。而赫赫昭人耳目，尤足駭人聽聞而震遐邇者，則莫若關帝君為最。帝君神靈亙古，今祠廟遍宇宙海隅，蒼生罔弗震為焉。雖愚夫愚婦莫不敬之如天地，親之如父母，是誠忠義所感，節烈所昭，而浩然正氣之流行也。」從碑記中可以看到，裴元長崇尚古代的蘇武、顏真卿、岳飛這樣的忠臣義士，更為關公的忠義精神所傾倒，他認為人生在世，忠義節烈，是一種浩然正氣，流布人間，永遠是人們效法的榜樣。

從裴元長的人生經歷和事蹟來看，裴氏家風對教育和做人的重視，是統一的、一致的。人只有接受良好的教育，生活在好的家庭環境裡，才能成為一個有才華、有能力、有膽識的堂堂正正的人，才能擔當時代和社會賦予的使命和責任，為社會做出自己應有的貢獻。

第十節　知書識禮的裴袞

裴袞，河東聞喜人，生活在清順治、康熙朝，一生恪守孝道，勤於治學，傳承家學，是裴氏從事文化教育活動的典範。裴袞的祖上就是唐晉國公裴度。裴度是唐代著名的宰相，治國安邦，賢能有方。一共經歷了六代之後，到了裴袞的高祖裴洲，仍然是德行高潔，教育鄉里，頗有成績，被賜為儒官。

家教嚴格，知書識禮

裴袞的家裡繼承前輩優良傳統，十分重視孝悌和禮儀教育。他小時候就被長輩教導要侍奉父母，兄寬弟讓，一舉一動，都要符合禮法。父親講述孔融讓梨的故事，在他幼小的心靈裡留下了深刻的印象。他在家裡吃飯總是等父母都坐好以後才坐下，父母不動筷子他就不動，父母開始吃飯他才吃飯。他常常把喜歡吃的東西讓給哥哥和弟弟，從不貪吃貪喝，不搶不占，因而受到父母的稱讚。雖然年紀小，他與人往來卻懂得恭敬有禮，看到長輩拿著東西，他就會小跑著前去幫忙。長輩吩咐他做的事情，一定是馬上就辦，絕不延誤。和大人說話，都是輕聲細語，彬彬有禮；父母親和他說話時，他總是很恭敬地站在一邊，仔細聆聽，從不讓父母生氣。裴衷這種良好的禮儀行為，不僅受到家人的稱讚，也受到鄰里街坊的肯定，人們對裴家出了這麼一個懂得禮儀的孩子讚譽有加。

裴衷生活在一個禮儀之家，從小接受了傳統文化教育。他在六、七歲時，父親就教他讀《小學》、《百家姓》、《千字文》等書，進行啟蒙教育。他恭恭敬敬地聽父親傳授知識，了解書中的含義，被那些歷史上的人物所感動，發誓一定要好好讀書，掌握知識，長大有出息。他讀書時聚精會神，一絲不苟，這種精神感染了兄弟們，大家一起讀書寫字，家庭裡充盈著良好的學習氛圍。

廉潔從政，秉公執法

十年寒窗，金榜題名。裴衷從小刻苦學習，長大後不負父母的希望，終於在順治十六年考中進士。之後，他被授予武選司員外郎，再後來擔任了地方官職。裴衷不管在哪裡任職，都廉潔從政，秉公執法，深受同僚和百姓的好評。他從不收禮，依法辦案。有一次審理一件宅基地糾紛的案子，涉案的富人想侵吞鄰居的宅基地，千方百計送銀子給他，希望判決得勝。裴袠對富人說：「我依法辦案，從來不收賄賂，你若執意要為，就以行賄罪論處。」毅然拒絕了富人的禮物。富人被他正義凜然的精神所震懾，不等他判決，就趕快找鄰居和解，放棄了侵吞鄰居宅基地的非分之想。

裴袠為官多年，生活十分儉樸，吃飯簡單，討厭鋪張浪費，從不追求那種燈紅酒綠、呼朋喧鬧的奢靡，在世人看來屬於享樂的生活，他卻不屑一顧。他常對人說，廣廈千間，夜眠三尺；良田萬頃，日食三餐。只要能夠達到小康程度，有書讀，有事做就夠了，其他多餘的財富都是人生的負擔。

回鄉做教育，搞研究

裴袠致仕後，不留戀城市的繁華生活，攜家帶口回到了故里。多少年來，他念念不忘的就是禮儀教育。他在鄉里舉止有度，待人接物總是肅穆簡潔，堪稱做人楷模，受到鄉親們的一致擁戴。每逢鄉里有什麼大事，人們都請裴袠出面主持；鄰里有什麼糾紛、簽訂什麼合約，也都要他出面，因為他對於禮儀禮教、民俗風情十分了解，不愧是德高望重的長者。

裴袠回到家鄉後，更加珍惜光陰，看書學習，研究禮儀，學問日進。他專心研讀

《周禮》、《儀禮》、《禮記》和《孝經》，整理父輩們的著述，為教育後世子孫盡心盡力。裴衰的父親精通三禮，留下了學習三禮的著作。他整理父親的書，參閱漢代以來的史料和有關著述，對三本書進行闡釋，並配合現實社會中的故事加以解讀，很受人們的歡迎。他還對古代典籍《孝經》進行了學術研究。《孝經》是古代儒家的倫理著作，儒家十三經之一，傳說是孔子所作。《孝經》以孝為中心，相對集中地闡述了儒家的倫理思想；同時，透過以孝為主的倫理思想，把社會宗法等級關係和國家治理相互結合，所謂「始於事親，中於事君，終於立身」，形成了完整的理論體系。裴衰以《孝經》的思想貫穿，對歷代儒者的思想加以記錄和整理，提出了自己的觀點，對於《孝經》的傳播和學習做出了貢獻。

第五話　捨生取義出名將

第一節　東漢名將裴岑

裴岑，雲中人。史載「東漢名將，曾任敦煌太守」。生平不詳，僅有〈敦煌太守裴岑紀功碑〉一通，於雍正七年被人發現於新疆巴里坤城西北一關帝廟前。碑文為：「唯漢永和二年八月，敦煌太守雲中裴岑，將郡兵三千人，誅呼衍王等，斬馘部眾，克敵全師，除西域之災，蠲四郡之害，邊竟艾安，振威到此，立海祠以表萬世。」

古碑記其事

裴岑帶兵殺敵故事，其勇武之功，可以想像。據傳說，刻碑之時，沒有石匠，裴岑用寶劍親刻碑文。傳說是否可信，尚待考證。後世之人，對此碑書法甚是偏愛。黃易《小蓬萊閣金石目》載：「漢自安帝後北匈奴呼衍王常輾轉蒲類、秦海間，專制西域，共為寇鈔。敦煌太守率兵掩擊克敵全師，可謂不世之奇勳，而漢史不著其事，蓋其時朝多秕政，妨功害能者眾，邊郡文難於上聞故也。」

康有為《廣藝舟雙楫》云：「古茂雄深，得秦相筆意。」柯昌泗跋曰：「裴岑紀功碑世皆稱其字有篆法。諦審仍與嵩山三闕諸刻不類，蓋從摹印篆中出。」清人方朔在《枕經堂金石跋》中，謂其書「雄勁生辣，真有率三千人禽王俘眾氣象。乃以篆為隸，由篆變隸之漸也」。郭尚先在《芳堅館題跋》中稱：「此碑樸古遒爽，其法大似摹印篆，與〈鄐君開通褒斜道摩崖刻石〉、〈漢司隸校尉楗為楊君頌〉（即〈石門頌〉）、〈漢武都太守漢陽阿陽李翕西狹頌〉（即〈西狹頌〉）諸摩崖為類。」又云：「漢人分書多短，唯此碑結體獨長。」其書法價值可見一斑。因其生平不可考，輯錄一則故事，聊供想像。

改變野心，發奮讀書

年少之時，裴岑家境平常，見周圍盡是酒徒劍客，看多了，也喜歡拿起刀劍棍棒，與人嬉戲為樂，還好結交家境更好的朋友。父親見了，心中不安，就拿《論語》引導他：「好勇疾貧，亂也。人而不仁，疾之已甚，亂也。」這段話的意思是：喜好勇武當然不錯，如果因此厭惡貧困，就會引起禍亂。生而為人，卻沒有仁德之心，還要去作惡，那就更是糟糕。裴岑雖然自幼頑皮，但對於父親的話卻是不敢不遵從。父親平時也常向他講述先祖裴遵的光輝事蹟。裴岑聽了，也是神往不已。在父親的教育下，裴岑收起玩心，昔日往來的朋友，漸漸就淡了，只是專心讀書。

父親蒐集了所有能找到的書，供裴岑閉戶誦讀。裴岑年輕，記憶力驚人，一目十行，再生僻的書，也能背誦，出口成章。又過了幾年，他作的文章被周圍有學問的人看到，沒人相信竟然是出自他的手筆。名聲傳出去了，再有人找他切磋的時候，不免狂傲：「所謂儒家的學問，就是這麼幾本書嗎？一輩子都把時間花費在經書上，什麼時候才能獲得功名呢？」

裴岑仍然想著一戰成名，求得田宅美女和恩惠。父親就教育他，說：「士志於道，而恥惡衣惡食者，未足與議也。」你既然有那麼高的志向，不在乎實的地方打好基礎，還要厭倦粗衣糙食，怎麼可能找得到志同道合的人。並諄諄告誡：「古者言之不出，恥躬之不逮也。」裴岑說：「夫子的話，我自然記得。有些話我也不敢隨便亂說了，我是怕我做不到。只是到現在為止，我也不知道我能做什麼。所以我要出去走走，看看我到底更適合做哪一行。」

遊歷四方，廣結朋友

做父親的自然希望兒子有更多的閱歷，即便受點挫折和艱難，對於蒼白的人生也不無補益。於是，裴岑南遊金陵，碰到劍客，就要求教，遇見酒徒，自然痛飲。就是飲酒作賦，也不怯場。終日結交豪俠，白雲蒼狗，人生暢快。

這一日，裴岑往北，走到了邊疆，聽聞傳言，西域各國劃地為王，不再朝貢，還經常騷擾邊界，人民流離失所。先前豪情，頓失減半，裴岑空有一身武力，卻不知如何報效朝廷。正鬱悶時，遇見舊時朋友，卻早已不再舞刀弄劍，如今隨軍做起了買賣，生意還很興隆。到了朋友居所，兩人鬥酒。朋友壇中滿酒，裴岑起身作了個揖，捧起大壇，如長鯨吸百川，一飲而盡。又讓人替朋友將酒滿上，朋友喝完，說：「世道如此，正是我們大賺一筆的時候，就跟著我在邊疆做一番大事吧。」

裴岑又為朋友滿了一罈酒，朋友勉強喝了一半，不勝酒力。裴岑大笑：「這麼一點酒都喝不完，我們怎麼能在一起共事呢？」於是又喝了兩罈，順口吟誦《論語》中的詞句：「篤信好學，守死善道。危邦不入，亂邦不居。天下有道則見，無道則隱。邦有道，貧且賤焉，恥也；邦無道，富且貴焉，恥也。」

裴岑高聲談笑，終席，不僅沒有醉倒，還越喝越清醒。他想起父親的教導，遊走了這麼一大圈，見了那麼多人和事，發現父親說得都對。為什麼不聽從父母的話，修身養性，等待朝廷的徵召呢？於是，他回到雲中，伺候父母，修身自牧，常與人善，一時名聲大噪，才名遠播。

用智慧戰勝敵人

不久，裴岑就被朝廷徵召去做武將。東漢永和二年，裴岑為敦煌太守，領兵三千，奔襲西域。敵暗我明，裴岑為打敗呼衍王，想了不少辦法。他放話要找呼衍王單獨比試，倘若呼衍王贏了他，大漠萬里，自然由其行走。士兵勸他，說呼衍王詭詐，如果中了埋伏，只怕凶多吉少。裴岑說，對方要是使出陰招，正好有了出師蕩平他們的理由。他放出話去，希圖單會呼衍王，對方也怕他有什麼詭計，自然不敢前來。日子久了，人們就看不起呼衍王了。加上平日裴岑對部下嚴加管教，也沒什麼擾民的事發生，當地的百姓也前來歸附。終有一日，有人報告呼衍王的藏身之處。裴岑領精兵三千，橫掃匈奴，割呼衍王左耳。為記此功，裴岑揮劍刻碑，讓他的勇武善戰之事流傳下去了。

第二節　戡亂功臣裴茂

裴茂，字巨光，河東人。東漢官吏，漢靈帝劉宏朝歷任縣令、郡守、尚書，裴氏家族中最有名的戡亂功臣。

一戰成名

東漢末年，朝廷一片混亂，諸將不和，大將李傕竟然敢在一次會議上殺死了另一名大將樊稠，之後，又與郭汜分別劫持了漢獻帝和眾大臣，相互交戰。有實力的將軍張濟率兵趕來才勸雙方和解，於是二人罷兵，李傕鎮守池陽黃白城，郭汜、張濟等人隨漢獻帝東歸前往弘農。不久，李傕、郭汜、張濟反悔，聯合起來追擊漢獻帝，與楊奉、董承等人幾番交戰。漢獻帝一路逃亡，狼狽不堪，到達安邑，與李傕等人講和。很快，漢獻帝又被曹操迎往許昌都城。此時，裴茂是曹操所屬的軍中謁者僕射，他被曹操指派召集關西諸將段煨等人，去征討李傕他們。

裴茂奉命帶兵十餘萬出征，每日所費糧草浩大，當時天下諸郡，又是荒旱年月，根本接濟不上，曹操又催裴茂速戰速決，而李傕等叛軍卻躲在城內閉門不出。兩軍對峙了一兩個月，眼見糧食將盡，管糧官對裴茂說：「現在兵多糧少，該怎麼辦呢？」

裴茂說：「每人每日減少一點口糧，權且緩解一時之急。」

管糧官說：「如果士兵抱怨，該怎麼辦？」

裴茂說：「我自有辦法。」

管糧官就照著裴茂的交代，每人每日減少了口糧。

裴茂派人到營內各處打探，怨言不少，都說將軍欺負士兵。裴茂祕密召見管糧官，說：「我想找你借一件東西，以定軍心，你千萬不要吝惜。」

管糧官說：「將軍想借什麼呢？」

裴茂說：「我想借你的頭示眾。」

管糧官馬上跪下磕頭，說：「將軍饒恕，我雖然貪了些軍糧，並沒有什麼大的過錯。」

裴茂說：「我知道你沒有罪，但不殺你，不足以平民憤。你不要擔心，你死後，你的妻小我會好好撫養。」

管糧官還想再說什麼，裴茂早一聲令下，叫刀斧手推出門外，一刀斬了，並將他的頭高懸在竹竿上，還貼出告示，說管糧官剋扣軍餉，盜竊官糧，所以按軍法處置。

當時，他的兒子裴潛、裴徽、裴輯、裴綰也在軍中，說到斬殺管糧官一事，幾個兒子面露疑惑，好像是在思索父親怎麼狠得下心。裴茂說：「君子崇尚勇武，把義作為最高準則。大亂時期，我若不殺管糧官，不足以平民憤，不足以穩軍心。再說，等到戰亂結束，我自會撫養其家人。」

果然，軍中騷動得以緩解。

次日，裴茂傳令各營將領：「如果大家不同心協力，不並肩作戰，三日內破不了城，全部斬首！」

裴茂身先士卒，到得城下，督促全軍，搬土運石，填壕塞塹。城上箭如雨下，有兩員裨將畏避而回，裴茂一劍將其斬於城下。於是，大小將士，無不向前，軍威大振。城內李傕守軍抵抗不住，裴茂帶領的士兵爭先上城，斬關落鎖，大隊擁入。李傕身死，焚燒所有犯禁之物、宮室殿宇全部焚燒一空，裴茂終於攻克城池。

曹操得知消息，催裴茂繼續進兵，剿匪餘部。裴茂諫言：「近年來荒旱不止，軍糧補給艱難，如果繼續征戰，勞軍損民，恐怕也沒有什麼好處。不如暫時先回許都，待來年新麥成熟，軍糧足備，再成大事。」曹操准許。

裴茂於是帶兵回到許都，兌現承諾，與兒子裴潛、裴徽帶著金銀財物去被殺的管糧官的家中，對管糧官的妻子說：「你的丈夫在戰爭中顧全大局，為朝廷做出了重要貢獻。」又對管糧官的兒子說：「你要繼承你父親的志向，將來做一個有用的人。」

出得門來，裴茂對兒子們說：「見到有德行的想向他看齊，見到沒有德行的人就內心自我省察。你們看到我關鍵時刻做決定時的不當，這說明你們在反省，也是好事。你們是在委婉地勸諫我，我也自然會注意。不過，我是不會為自己辯解的，大丈夫處世，成敗自有公論。」

《三國演義》中也有這個情節，只是殺糧官的是曹操。

公正執法

漢獻帝在曹操保護下，收復了長安後，指令裴茂複查詔獄。裴茂對漢獻帝說道：「宦官之禍，古今都有。如果不是皇帝給了他們那麼多權力，事情也不至於到如今這般地步。要想處理這些禍患，也不必一一加以責罰，只要把元凶除掉，就足以警醒世人。如果犯錯的人都要受到懲罰，事情一旦敗露，恐怕會遇到極大的阻礙。」

當時掌握重權的大臣聽了，還有些惱怒：「賞罰不明，難不成是你還懷有什麼私心嗎？」

裴茂退出來後，說道：「將來擾亂天下的人，肯定是這些自私的人。」

儘管對手暗中收集情報，誣告裴茂，說他「擅出囚徒，疑有奸故」，並建議朝廷逮捕裴茂，裴茂也沒把這些阻攔放在心上。他執法公允，一一複核獄中朝臣，看到多數人都是因為誣陷進去的，更是痛心不已。戰亂年代，正是用人的時候，他準備將這些人全部無罪釋放。執行這個決定前，他與兒子們談話，表明了自己的意圖：「如果有些對手是在嚴肅地規勸我，我自然會聽從，畢竟改正過錯才是最可貴的；但是，我現在做的事有什麼錯呢？身為朝廷命官，就要時時以國家社稷為重，不能因為害怕個人遭到報復，就不去作為。」

裴茂的做法也得到了不少同僚的支持，紛紛為他鳴冤，漢獻帝於是下達詔書：「天災屢降，陰雨為禍，使者裴茂奉命宣達朝廷恩澤，應該赦免釋放那些無罪之人，這也許更合乎老天爺仁慈的心意。朝廷本想化解仇恨，怎麼能又重新加罪於他們呢？一概不要再過問了。」裴茂因功封為陽吉平侯。

第三節　一世之美士裴潛

我們這一節接上一節，來說說裴茂的兒子裴潛。裴潛在裴氏家族武將中是很重要的一位人物。陳壽的《三國志．魏書．和常楊杜趙裴傳第二十三》記載：「裴潛，字文行，河東聞喜人也……和洽清和幹理，常林素業純固，楊俊人倫行義，杜襲溫粹識統，趙儼剛毅有度，裴潛平恆貞幹，皆一世之美士也。」《魏略》載：「潛世為著姓……潛為人才博，有雅容，然但如此而已，終無所推進，故世歸其潔而不宗其餘。」

裴潛歷任曹魏散騎常侍、關內侯、尚書、河南府尹、太尉、軍師、大司農、吏部尚書同平章事、清陽亭侯、尚書令。

名將之後，治理代郡建功

裴茂雖然是大將，但由於是裴氏族人，非常重視教育，所以將兒子取名為裴潛，字文行，就是希望他潛心學習，多讀聖賢書。可能是由於母親出身寒微，常受父親冷落，裴潛自然替母親鳴不平，常有踰矩失禮的地方。《魏略》的說法是，「潛少不修細行，由此為父所不禮」。好在成年之後，裴潛「折節使進」，節操清廉，一時聲名遠播。

正逢三國亂世，征戰無數。裴潛避亂荊州，當時荊州牧劉表恩威並著，招誘有方，使得萬里肅清、群民悅服。又開經立學，愛民養士，從容自保。遠交袁紹，近結張繡，內納劉備，據地數千里，帶甲十餘萬，稱雄荊江。見裴潛到來，也是以賓客之禮相待。時日一久，裴潛就看出劉表其實沒什麼進取之心，私底下就和朋友們說：「劉牧不是什麼霸王之才，他就想靠著偏隅一處，以為這樣就能過日子，卻不知道他的末日馬上就要到來了。」因為看清了局勢，裴潛立即去了長沙，投奔曹魏政權。

曹魏大軍奪下荊州後，曹操器重裴潛，任其為參丞相軍事，接著又換了三個地方當縣令。每到一處，裴潛從不拖家帶口，為的是不為當地百姓增添負擔。家裡沒有錢款來源，妻兒過得非常辛苦。《魏略》載：「妻子貧乏，織藜芘以自供。」朝廷看重他的清明廉潔，就讓他做了倉曹屬，管理國庫。這一日，恰巧曹操來視察，問裴潛：「卿前與劉備俱在荊州，卿以備才略何如？」

裴潛答道：「使居中國，能亂人而不能為治也。若乘間守險，足以為一方主。」

不久，代郡大亂，烏丸王和另外兩個首領各自稱王。太守昏庸無能，無法治理。

曹操問裴潛有沒有什麼好辦法。裴潛說：「代郡百姓眾多，人們也過得殷實，如果帶著兵馬去征討，動不動就是上萬人出動，只怕會引起更大的誤會。烏丸王自己肯定也知道放橫日久，心內也不安，帶那麼多人去，反而成了大規模的戰爭，如果我只是帶幾個人去，他們也不會害怕。我再用計謀收買他們，這事也就成功十之八九。」

於是，裴潛被任命為代郡太守。他也不帶領精兵去鎮討，只是匹馬單車，趕赴代郡。烏丸部族與將領見裴潛隻身前來，為其膽略懾服。聽了裴潛的條件，烏丸王自然知道兩家和好，對他們也更有利，誰想連年戰爭呢？何況裴潛給出的條件也不錯。於是，單于以下，紛紛脫帽致意，把掠奪的婦女、器械、財物，悉數歸還。

裴潛自然懂得遠交近攻的道理，對烏丸部族，他是恩威並施，對於代郡內部與單于相互勾結的郝溫、郭端等十餘人，盡數誅殺。北方邊境一時為之大震，百姓歸心。

三年後，因治理代郡有功，裴潛調回朝中，任丞相理曹掾諸事。曹操十分讚賞他，稱讚他治代有功。裴潛說：「我對代郡的百姓是很寬容，但對犯我邊境的胡人卻非常嚴厲。接任我的人，可能覺得我對他們過於嚴厲了，說不定事事都以寬懷優惠對待他們；這些胡人，向素驕橫恣傲，過於寬鬆只怕適得其反，他們不僅不懂得感恩，說不定還因此亂了法度，到時只怕又會引起騷亂。照這樣下去，代郡的形勢又會危急。」曹操聽了，後悔過早把裴潛調回來。後數十日，單于果然又引發騷亂。

為官清廉

幾年後，裴潛出任沛國相，後來又到兗州任刺史。正好蜀國大將關羽攻打樊城，形勢嚴峻。曹操領兵親征關羽，裴潛也率軍前往增援。曹操看到裴潛的軍隊陳列齊整，認為治軍有方，大加賞賜。即便是得到皇帝的厚贈，裴潛依然清廉。《三國志．魏書．和常楊杜趙裴傳第二十三》記載：「又以父在京師，出入薄車；群弟之田廬，常步行；家人小大或並日而食；其家教上下相奉，事有似於石奮。其履檢校度，自魏興少能及者。」一家大小，經常一天只吃一頓，這話聽似誇張，卻也能看見當時史官濃墨重筆，對其清正廉潔的高度評價。

魏文帝曹丕登基後，裴潛任散騎常侍。他對別人要求嚴格，自己也是身為示範，比如出入門庭，他也只坐薄輦，可謂簡省到極致。後到魏郡、潁川任典農中郎將時，看到百姓不滿屯田制，裴潛就上書曹丕，建議仿效郡國九品中正制，在屯田區內施行推薦選拔官吏制度。魏文帝聽從了他的意見，從此，曹魏民眾，不管民官，想要進仕獲取功名，只要夠選拔條件，一路通暢。不久，裴潛到荊州任刺史，賜爵關內侯。

魏明帝即位後，裴潛入朝任尚書。後出任河南尹，轉太尉軍師、大司農，封清陽亭侯，邑二百戶。再後來，又調為尚書令，奏正分職，料簡名實。後因父親去世，裴潛辭掉官職，暫拜光祿大夫。

正始五年，裴潛去世前，特意交代兒子裴秀，要儉葬。裴秀認為父親功業如此輝煌，過於簡單，只怕會落得他人笑話。裴潛也沒有訓斥兒子，只是讓拿來《論語》，說：「不要以為鋪張浪費就是孝順，關於孝，孔夫子都有過什麼言論？你背給我聽聽。」

當裴秀背到「奢則不孫，儉則固，與其不孫也，寧固」時，裴潛示意他停下來，問這句話具體的意思。又背到「生，事之以禮；死，葬之以禮，祭之以禮」，又讓裴秀停下來。裴潛說：「活著的時候，你們為人處世都待我有禮有節，我死了，你們按照正常的禮儀去安葬，就夠了，千萬不要大肆鋪排。我們裴家之所以能夠有今日，全因我們事事節儉，不踰矩。孔夫子說，禮的根本是什麼呢？與其奢也，寧儉；喪與其易也，寧戚。」

裴秀由此知道父親的深意。裴潛去世後，裴秀只在父親的墳墓中放了一具棺材，數枚瓦器。朝廷追贈裴潛為太常，諡號「貞侯」。

裴潛以身作則，家風良好，大弟裴徽精通玄學名垂史冊，官至冀州刺史；二弟裴緝在漢獻帝時官至兵部尚書；三弟裴綰在建安年間官至尚書令；兒子裴秀在咸熙年間官至尚書僕射。他們都是清清白白在當官，留下了很好的名聲。

第四節　善辯鬥士裴英起

《北齊書．二十一卷．列傳第十三》載：「裴英起，河東人。其先晉末渡淮，寓居淮南之壽陽縣。祖彥先，隨薛安都入魏，官至趙郡守。父約，渤海相。英起聰慧滑稽，好劇談，不拘儀檢，仕魏至定州長史。世宗引為行臺左丞。天保中，都官尚書，兼侍中，及戰沒，贈開府、尚書左僕射。」從這段話可以看出，晉代末年裴氏族人裴英起，是一位非常聰明能幹的謀士。

年少勇敢直諫皇上

裴英起少年就顯示出聰明才智，對戰國縱橫之士以口舌取卿相，諸子著書立說，尤其神往。《韓非子》、《國策》、《呂覽》，更是案頭讀物。每日讀書，也好引經據典，與人終日高談闊論為樂。

永明年間，父親裴約帶英起參加齊武帝蕭賾為群臣舉辦的宴會。宴筵後，齊武帝餘興未盡，又提出一起射箭比武。輪到武帝，他彎弓射箭，一支也沒射中靶子，然而，眾大臣卻依舊大聲喝采：「好箭！好箭！」

齊武帝聽了，並不高興，他臉色陰沉，把手中的弓箭重重摔在地上。英起不諳世事險惡，見武帝心情不好，走到跟前，問他出了什麼事。齊武帝見英起滿臉天真，說：「英起啊，這麼多年，怎麼就沒人願意當面指出我的過失呢？剛才我射箭，明明沒有射中，可他們卻異口同聲拚命地喝采，你要是天天和這麼一幫人相處，你難不難過？」

裴英起仗著讀了些經書，免不得要展現一點學問，竟然就跟齊武帝說起了歷史上類似的故事和典故，而且還直言點評當天的事情：「這就肯定是大臣們沒有盡到做臣子的職責。論起智慧來，他們未必不能發現您的過失；就是講起勇氣，他們也不敢向您提出意見，生恐冒犯了您。不過，皇上，您也飽讀史書，想必知道上行下效的道理。一國之君喜歡什麼衣服，做臣民的自然跟著仿效；您喜歡吃什麼東西，做臣民的自然也逐漸模仿，改變自己的口味。如果是這麼多年來都沒有人指出過您的過失，是不是因為您聽不進反對的意見？要知道別人摸清了您的脾性，肯定您只喜歡奉承的話，又幹嘛冒著生命危險反對您？」

聽了裴英起的一番話，齊武帝面露愧色。旁邊的裴約早就嚇得面如土色，叩頭如搗蒜，請求皇上不要惱怒兒子的魯莽。齊武帝正色道：「我要慶幸啊，終於有個孩子敢和我說說真心話了。」

也是因為裴英起的一番談論，齊武帝省視周邊人等，革了許多佞臣的職，重用一批敢言實幹的大臣。裴英起也在受封之列。

做真性情之人

因為看重裴英起的才華，又喜歡他的真性情，齊武帝就經常在宮中和他對談。恰逢天氣暑熱難當，武帝便呼喚侍從，擔水洗澡，之後，模仿胡人舞蹈，跳丸、擊劍，又即興表演當時風行的樂舞諧戲，然後問裴英起：「英起，你說說你的看法。」

裴英起開始還不適應，等到明白這是齊武帝和他嬉戲玩樂，才漸漸放鬆。心裡放鬆，行動上仍是不敢掉以輕心。他整了整衣帽，侃侃而談，說完混元造化的端底，又談論羲皇以來賢聖名臣烈士，講了古今文章，為官之道，還沒盡興，又聊了半天用武行兵。齊武帝聽得高興，等到酒肉上來，兩人共餐，不再閒聊。等到晚上裴英起走後，齊武帝還驚嘆他的才能，直呼天人。

當時，齊國世子未立，武帝更喜歡次子，想立次子繼承皇位，裴英起也屢次稱讚次子的聰慧，只是眾大臣不服，認為這樣一來，就壞了歷朝歷代傳下來的規矩。有人上了一道奏摺，說裴英起無所作為，卻雄踞高位，干涉朝政。甚至有人傳言，說裴英起見王室不寧，招合徒眾，欲圖不軌。又說他忝為貴族，不遵朝儀，禿巾微行，言論放蕩，別人還說他「仲尼不死」。裴英起聽了，並不當一回事，還在下一次和齊武帝見面時談起這事來，自嘲：「這麼好的時代，難道就容不下一個真性情的人嗎？」

大臣們的各種議論不斷傳到齊武帝的耳裡，朝廷自然也是一番騷動。好在齊武帝知道裴英起處事不拘小節，本性並無惡意，並沒有治他的罪。事實上，每逢大事，裴英起並沒有踰越規矩。有一次武帝的愛妃去世，想要大肆操辦，裴英起建議：「辦吉凶事時，車服制度，各有等級區別，詳細列好條文和樣式，做到節儉而又適中。」齊武帝接受了他的建議，取消了大操大辦的決定。自此，齊武帝越來越信任他。

驍勇善戰

裴英起歷仕北魏，一路官運亨通。改朝換代後，宣武帝元恪也賞識他的才華，提拔他為行臺左丞。到了天保年間，裴英起升任都官尚書、侍中。

紹泰元年，北齊立貞陽侯蕭淵明為梁主，派上黨王高渙帶兵護送，裴英起也隨行護衛。走至半路，聽說晉安王蕭方智已進入梁朝舊都建康，繼了王位。北齊皇帝指令高渙發兵征討。裴英起帶領先鋒探敵，一路克敵無數。攻克譙郡後，梁朝權貴王僧辯遲遲沒有表態。裴英起乘勝追擊，刀斬梁國散騎常侍裴之橫，占領東關。王僧辯這才下了決心，祕密聯絡蕭淵明，二軍訂盟於江北。

高渙還師北上，裴英起受命帶一支人馬，護送蕭淵明入主梁朝京都建康。蕭淵明即位，改元天成。裴英起完成使命，欣然踏上歸途。

不料，梁國各派暗鬥，竟於九月發兵，南梁大將陳霸先起兵。一舉攻克建康，逼蕭淵明退位。王僧辯死於此次政變。

北齊文宣帝高洋聽到蕭淵明被廢，令蕭軌、東方老、裴英起、王敬寶率數萬步騎，討伐陳霸先。兩軍激戰數日，互有勝負。天保七年，蕭軌、裴英起再度征討，屯軍丹陽城下，適逢大雨，蕭軌、裴英起帶領的北齊軍隊陷在泥淖之中，無法適應南方地形，大敗。蕭軌、李希光、王敬寶、東方老及裴英起一同戰死，士卒歸來，不到十分之二三。

北齊朝廷聽聞軍隊大敗，舉哀同時，撫卹烈屬。裴英起追贈開府、尚書左僕射。

第五節　三軍勇士裴果

《周書・卷三十六・列傳第二十八・裴果傳》記載：「裴果，字戎昭，河東聞喜人。祖思賢，魏青州刺史。父遵，齊州刺史。果少慷慨，有志略。魏太昌初，起家前將軍、乾河軍主，除陽平郡丞。太祖曾使并州，與果相遇。果知非常人，密託附焉。永安末，盜賊蜂起。果從軍征討，乘黃驄馬，衣青袍，每先登陷陣，時人號為『黃驄年少』。」從這段傳記中能夠看出，生活在北魏時期有裴氏族人裴果，是一個名聲很大的勇士，在所有裴氏大將中，他也是比較突出的一個。

改變性格，成為大才

史書上記載，裴果自幼聰敏，廣泛閱讀經史，人又性情慷慨，有志向謀略。平日與家丁舞槍弄棒，又善騎射，膽力過人，親戚朋友都一致誇讚，認為他將來能有所建樹。裴果聽得多了，也有些飄飄然，開口閉口都是天下，好像拿下整個天下都不在話下。他爺爺裴思賢當過北魏青州刺史，聽了孫子的話，嚴厲地告訴他：「你不過是出身比別人好一點罷了，如果驕橫自大，以為做什麼都理所當然，將來必有吃虧的時候。」

生怕裴果聽不懂，爺爺又舉裴果父親裴遵的例子作為說明。裴遵小時候也是聰明過人，讀書成績突出，武功也不錯，還有上進心，只是過於自以為是，把很多人和事不放在心上。裴思賢為了讓裴遵改變性格，決定讓他有一番歷練，把他送到軍隊裡去。經過一番打拚，裴遵沒有依仗家族支持，完全靠自己的努力，終於做到齊州刺史的位置。爺爺裴思賢對孫子裴果講講述其父的經歷，就是要讓裴果明白，小時候自高自大不可怕，怕的是長大後不能改變，那可就要吃大虧了，也不可能成才。

裴果聽了爺爺講的關於父親的故事，受到了很大觸動，終於明白了一個道理：要想有出息，將來做國家棟梁，必須改變自以為是的性格，必須要謙虛謹慎，學有所長，不管或文或武，一定要靠本事服人。

北魏孝莊帝永安末年，亂民橫行，匪患不斷。北魏朝廷派兵鎮壓，這時候的裴果已經成為一名戰士，隨軍征討。他求勝心切，騎一匹黃驄馬，身著青衣戰袍，衝鋒在前，所向披靡。

有一回，敵軍漸漸遠走邊境。朝廷準備聚集全軍追擊，以絕後患。裴果說：「窮寇早已沒了鬥志，他們又沒有城池營柵，只不過靠搶劫財物供給，安定時便如螞蟻聚集，窘急時便作驚鳥飛散，攻取在於迅速，不在於人多。如果星馳電掣，出其不備，出動一千精騎，就可殲滅。如果徵集軍隊再去，他們必然遠遠逃竄，雖然有大隊兵馬，也沒有用處。」他的建議得到了眾人讚同。於是，裴果率領一千騎兵討伐，快速進擊，一舉擊潰敵軍。

裴果勇冠三軍的威名，一時傳遍交戰雙方陣營，人稱「黃驄年少」。朝廷頒令，重賞裴果。裴果聽了，堅辭不受，說：「這場戰爭，並不是我一個人的功勞，這麼多士兵，告別鄉里，離開親人，為國征戰，都是誠心誠意的，豈是我一個人的功勞！如果我把這麼多榮譽都歸到自己身上，只求個人名譽，那就違背了我的原本心意。」

聽了裴果一番話，皇帝更是感動，授予他乾河軍主，總領一方軍務。

智勝敵軍

裴果擔任乾河軍主期間，西魏傑出的軍事家、改革家、統帥，西魏的實際掌權者宇文泰出使并州，遇見裴果，兩人聊得非常投緣。說起天下大事，宇文泰語言流暢，侃侃而談，雄視高蹈。裴果也是想成就大事業的人，料定宇文泰將來必成大業，於是，兩人暗中商定，裴果要歸附宇文泰。

永熙年間，裴果官至河北郡守。次年，北魏分裂。宇文泰殺死孝武帝元脩，建立西魏。與此同時，另一員大將高歡，打到洛陽，擁立元善見為帝，遷都鄴城，史稱東魏。當時，東魏強盛，一班趨炎附勢之徒，背棄西魏。裴果卻帶領族人、同夥，按先前的商定，歸附宇文泰。宇文泰嘉獎裴果，賜給他田宅、奴婢、牛馬、衣服與日常用品無數。

元象元年，高歡率二十萬大軍，從蒲津渡過黃河，進攻西魏。裴果領兵拒敵。高歡自恃人多勢眾，不講兵法，在沙苑大敗。幾年後，高歡再次帶兵進攻西魏，裴果再次出戰，擊退東魏兵馬，又立新功。

武定元年，高歡率領的東魏軍，與宇文泰率領的西魏軍在邙山對峙，結果西魏軍被東魏軍圍在玉壁城中。東魏軍時時騷擾，宇文泰令裴果帶兵出擊。裴果挺身陷陣，生擒東魏都督賀婁烏蘭，大漲西魏軍士氣。

此時正值寒冬十月，裴果見東魏軍衣衫襤褸，補給不足，推測也堅持不了多久，就向宇文泰建議：「我軍只要憑藉溝壘，堅守不出，等到凜冬至，東魏軍不勝其苦，我軍肯定會不戰而勝。」

果然，不多久，大雪紛飛，雪積尺餘，圍在城外的東魏兵，因糧餉不足，準備不充分，鬥志大減，高歡見狀，也只好退兵。

這次戰役，裴果在軍內名聲大振，宇文泰更是歡喜，補封他為「帳內都督」。不久，又升他為平東將軍，兼職帥都督。此後，裴果又帶兵平定隨郡、安陸之亂。裴果屢建奇功，一時無人能及，官至大都督，正平郡守。

為官廉潔

裴果老家聞喜，就隸屬於正平郡。在自己的父老鄉親跟前做起了「父母官」，裴果更是謹慎為官，公正廉明。對作奸犯科的歹人，裴果毫不姑息，堅決打擊；對趨炎附勢的奸佞小人，裴果遠而避之。對老百姓則是盡力而為，幫助解決問題。如此，裴果在家鄉名聲大振，威信很高。

鑒於在地方治理上的成績，裴果升任為使持節、車騎大將軍、儀同三司、散騎常侍、司農卿。

這一年，尉遲迥征伐蜀地，裴果隨行。他總是帶兵衝鋒在前，攻破劍閣，擊敗李慶保，收降楊干運，立下功勞。西魏廢帝三年，授予裴果為龍州刺史，封為冠軍縣侯，食邑五百戶。張道、李佑造反，圍攻州城。當時裴果手中缺乏糧食和兵器，裴果規劃計謀進行抗擊，賊寇退走。裴果多次打敗賊寇。旬月之間，州境之內得以太平。

北周孝閔帝登基後，裴果被封為隆州刺史，加使持節、驃騎大將軍、開府儀同三司，晉爵為公，增封食邑一千戶。以後，又轉任眉州刺史、復州刺史。

無論是帶兵打仗，還是治理地方，裴果都不看重財物，所得的俸祿，都送給了親戚、朋友和老百姓，因此也結交了一批賢能之人。家人沒少抱怨，但是裴果也不記在心上，偶爾閒下來，教育孩子，也是推心置腹：「大丈夫，要自己努力求功名。我們這一家，你太爺爺，你爺爺，還有你父親我，都是靠自己的雙手打拚來的。錢財都是身外之物，不合理地運用，還不如糞土，只會害人。你們要是沾沾自喜，以為靠著我的庇護，這輩子就不用做什麼努力，那只會侮辱我們家族的名譽。」

裴果在對兒子裴孝仁講述上面這番話的時候，又想起年輕時候爺爺的教導。他說，知道我為什麼要替你取名孝仁嗎？裴孝仁搬出《論語》裡的話應對。裴果說：「這是亂世，如果你沉迷於富貴夢鄉，那就是個小人。我只是希望你們在無能力做別的事情時，內外兼修，做個仁人君子。」

裴孝仁也是聰慧之人，在裴果的教育下，文武德行兼備，歷任諸州刺史。

天和二年，裴果卒於任所。北周武帝表彰裴果，追贈原有官職，又加封絳、晉、建三州刺史。

第六節　保土守疆忠臣裴鴻

裴鴻，河東人，生活在南北朝時期。裴鴻少恭謹，有幹略，歷官內外，功勳卓著。

少年顯示奇才

裴鴻少年就志向遠大，又好施捨，愛結交讀書人。長大後，能騎馬左右射箭，勇猛過人。還沒有讀兵書之前，就能做出跟兵法一致的謀略，不少有見識的親戚朋友，都認為裴鴻是個軍事奇才。

父親裴弘陀曾做過北齊的義陽太守，平日裡輔導裴鴻讀書並談論古今故事。有一回，父子倆談到歷史典故，父親說起從前一位大將，平日善待幕僚，關鍵時刻，卻被幕僚殺害，將領官吏各自逃散，無人忠於職守。裴鴻就對父親說：「我聽說仁義之道難以持之以恆。實行它就是君子，違背它就是小人。這位將軍義氣恩惠，關鍵時刻保持名望節操，待幕僚都以國士之禮，這難道不是我們應該崇敬的人嗎？」說到這裡，裴鴻義憤填膺。裴弘陀看出兒子內心忠誠，遂加以引導，告訴他做大丈夫，不能先預設別人是小人，但也要有御人之術。夫子之道，最重要的是「寬恕」二字。

裴鴻早就熟讀四書五經，自然懂得父親的教導，他為人也越來越恭謹。直到二十多歲，父親帶兵遠赴邊疆，裴鴻隨行，作戰時總是衝鋒在前。當時西北邊境匪患不斷，又有胡人騷擾，裴弘陀命令裴鴻帶兵襲擊。

當時胡人仗著馬快兵精，認為裴弘陀兵馬相距還遠，也沒有什麼戒備之心。裴鴻率五十名騎兵，先在城邊高嶺上豎起大旗，然後立即馳入城中。胡人將領正在舉行盛大宴會，突然看見裴鴻到來，眾人都大吃一驚，手足無措。裴鴻揮刀斬殺首領，高懸其首級，向胡人釋出命令。又遙指城外大旗，命令兩名騎兵道：「出城追趕大軍！」胡人大為恐懼，迅速降服。邊境群賊也都歸降。

消息傳到朝廷，裴鴻獲得嘉獎，受封為安西將軍。當時宇文泰初建丞相府，正是用人之際，不久，裴鴻又被任命為大丞相府功曹參軍事，加持節、帥都督、中軍將軍、右金紫光祿大夫。

仁義之將

北魏時期，朝廷內亂不斷。裴弘陀兵馬眾多，宇文泰派遣特使，意圖共同謀劃，匡復周朝。裴弘陀惦念舊主，猶豫不定，對裴鴻說：「如今女主臨朝，政權歸於親信。盜賊遍地，海內動亂，官軍屢次出擊，相繼敗亡。我裴家世代承蒙恩澤，應當與之同甘共苦。如今我打算親率兵馬，急赴京師，內除奸臣，外清叛亂。你看如何？」

裴鴻想起當年父親講的故事，便問這麼做算不算叛亂。裴弘陀正色道：「大丈夫行事，光明磊落，這麼做，並不是為了個人恩怨。」

裴鴻又說：「父親你了解宇文泰是個什麼樣的人嗎？」

裴弘陀說：「他是個明君，也有自己的想法，輔佐他，也是天下百姓的幸運。」

裴鴻說：「既然父親認定這事值得去做，做兒子的斷然沒有不支持的道理。」

裴弘陀又問：「那你說說有沒有什麼取勝之計？」

裴鴻答道：「欲行非常之事，必有非常之人。父親兵馬強盛，位高望重。如果首舉義旗，征伐叛逆，輔佐君王，何往而不勝？何向而不摧？古人說：『早晨議定的事，等不到晚上；說好出發，就等不及駕好車輛。』指的就是這類事情啊！」

裴弘陀看了兒子一眼，說道：「你這番話真是大丈夫的志向啊！」

內有宇文泰呼應，裴鴻率兵趕赴洛陽。一一清剿叛亂朝臣。宇文泰欲滅罪人九族，裴鴻勸道：「這時正是展現您的仁政的時候，如果手段過於暴烈，只怕民眾過於畏懼您，恐不會有好的結果。」

宇文泰表示不滅九族，但要處死首犯，向天下謝罪，震懾眾人。裴鴻說：「這個人雖然疏懶，但他有不避艱險的血性，如今四方動亂，良將難求，請留他一條活命，讓他以後效力。」宇文泰聽從他的建議，沒有處死首犯，而是讓他戴罪立功。

智慧作戰

北周孝閔帝宇文覺繼任後，吐谷渾騷擾隴西，關中動盪，朝廷十分擔憂。宇文覺打算派裴鴻前去討伐。裴弘陀對兒子說：「吐谷渾擁有秦隴之兵，足為勁敵。如果你勞而無功，責罰跟著就到；倘若定期將其蕩平，又恐怕會招來讒言。」

裴鴻說：「我自有計策保住自己。」

裴弘陀說：「說來聽聽？」

裴鴻說：「請皇帝派一個人擔任元帥，我當副職，就可以了。」

裴弘陀認為兒子說得有理，這樣做，如果打了勝仗，可以避免獨占功勞的嫌疑；如果出師不利，還有元帥頂著，自己也不會受太大影響。

吐谷渾得知北周大軍壓境，馬上派兵阻斷道路。等到北周軍隊駐紮在潼關，前方偵察員帶來道路不通的消息，大將軍面露為難之色。裴鴻說：「關中賊人不過是一群草寇，您尚且遲疑不決，如果遇到強大的敵人，將如何作戰？」

大將軍說：「今日之事，完全委託給你，你為我制定方略。」吐谷渾自以為占據天險，料想北周軍隊即便修好道路，也得等到凜冬將至，河面結冰，才能進攻。因此，並不特別防禦。裴鴻看出了對方的意圖，將計就計，每天在陣前叫敵，擾亂吐谷渾。裴鴻頌揚北周國威，吐谷渾自言強盛，彼此辯駁幾句。吐谷渾將軍傲慢無禮，竟然讓傳令官把話轉達裴鴻。裴鴻怒道：「我與吐谷渾說話，你是什麼人，竟敢跟我對話？」傳令官依恃隔河，答話無禮，裴鴻舉箭便射，傳令之吏應弦而倒。

過了些時日，裴鴻也不進軍，只是散布消息，說：「如今氣候漸漸炎熱，不是打仗的時候，等到秋天涼爽時再來。」

吐谷渾信以為真，就分散隊伍，在岐州以北耕作生產，只派人在險要之處設置柵欄，邊防禦，邊耕田。

裴鴻暗地裡派兵在河道下游用船搭橋，擇定一日，他派北周精銳騎兵趁夜過河，埋伏在地形隱蔽處。

次日，裴鴻依舊來到河邊叫陣。吐谷渾聽得很煩躁，帶領部將，意圖也學裴鴻，以箭傷人。裴鴻且罵且走，吐谷渾以為裴鴻逃走，以輕裝騎兵追趕裴鴻。

由於道路險峻，吐谷渾兵馬無法齊頭並進，只得前後變成一條長線，早已根據山岡橫立的地形埋伏下的北周兵馬，等到裴鴻一聲令下，立刻加入戰鬥，吐谷渾兵馬紛紛被擒拿。裴鴻心存仁慈，命令部下，凡是下馬者，一律不准殺害。吐谷渾將士看見這種情況，紛紛下馬，戰鬥很快便結束。

此戰，吐谷渾大敗，裴鴻帶領的北周軍隊繳獲戰馬數千匹，俘獲投降軍士若干，一時軍威大振。

邊患平定，裴鴻班師回朝。主將論及裴鴻的功勞，裴鴻謙遜，說都是全軍將士共同作戰的成績。宇文覺見裴鴻不居功自傲，更是歡喜，加封他為小御正，晉爵為伯。此後，裴鴻又經歷兩朝，官職不斷提升。到天和三年，裴鴻病故，朝廷追贈他為豐、資、遂三州刺史，諡號「忠」。

第七節　馳騁南北裴叔業

裴氏族人中，晉代的裴叔業，是一位馳騁南北、功績卓著的將軍，盡心盡力輔助朝廷保衛國土，影響深遠。

家教嚴謹

跟裴氏其他將軍一樣，裴叔業年輕時就善於騎馬射箭，有大志向，常常以將軍的口吻說話。父親裴順宗是一個地方官員，平時忙於公務，沒有時間管教兒子，就對妻子說：「妳應該多提醒一下兒子叔業，現在不知道世間險惡，一味驕傲，將來恐怕要吃大虧。」

妻子明白丈夫的良苦用心，當然應允。有一日，裴叔業又在後花園彎弓射鳥，與眾家丁搏鬥嬉戲。這些家丁都是敷衍公子，沒有一個真的使出本領挑戰。叔業母親看了一陣子，便把他叫過來說：「你還記得東晉名將陶侃的故事嗎？」

裴叔業說：「陶侃的故事我不太記得，倒是記得他母親對他的教導。」

母親說：「你講來聽聽。」

裴叔業回答：「就是做母親的希望兒子能有出息，做一個清正之人，不可仗勢欺人，誤國害民。」

母親接著問道：「陶侃母親送給他的三個物件你還記得嗎？」

裴叔業說：「我知道，就是一坯土塊，一個土碗和一塊白色土布。」

裴叔業說完就明白了母親諄諄教導的目的，這是母親在教育他，要向東晉名將陶侃學習，永遠記住家鄉故土，莫要貪圖榮華富貴；要保持自家本色，當官要盡心恤民，廉潔自律，清清白白，永不忘本。

裴叔業長膝跪地，說他永遠不會忘記母親的教導。

改變惡習

南朝齊蕭鸞，有一次見到裴叔業，裴叔業表達了對國家前途大業的思考，讓蕭鸞大為驚奇，對他說：「你如此有志向有理想，還怕將來不大富貴。你應該不斷努力，實現理想。」當時蕭鸞任職豫州，引薦裴叔業為司馬，帶領陳留太守。後來，蕭鸞自立為帝，任命裴叔業為給事黃門侍郎，封為武昌縣開國伯，食邑五百戶。

蕭鸞拜裴叔業為持節、冠軍將軍、徐州刺史。裴叔業到淮河邊拜會尚書郎中、姪兒裴聿。裴叔業盛飾華服出行，對裴聿說：「我在南方富貴，正如你現在所看到的，哪像你這種簡陋的樣子呢。」

裴聿說：「伯父儀服的確很華美，只是痛恨不能白日出遊啊。」裴叔業聽了裴聿話裡的諷刺之意，想起從軍前母親的教誨，臉有悔色。回到家裡，又反省這些年來，終日狂歌縱飲，心底終是忐忑。國家風雨飄搖，內鬥不斷，我借酒解愁，享盡華服美食，難道就夠了嗎？

長期的軍旅生活，裴叔業難得與父母團聚，這一日，正好有部將返回父母親居住的襄陽，他便採辦了一些江南特產，讓部將送給父母。誰知，父母卻原封不動地將這一堆特產退了回來，母親還在信中寫道：「兒子，你所做的這些，看起來是盡孝道，但是你有沒有想過，你身為一方父母官，拿官家的東西回來，會增加我們的精神負擔啊！」

裴叔業收到母親退回的特產，大為震撼。我是為朝廷做了不少事情，難道就因為自己有了功勞，就可以把國庫當成自家糧倉，隨意使用嗎?他當下立刻下定決心，不再沉溺吃喝玩樂，不再跟酒肉朋友混日子，終日練兵，想著終有一天，要盡忠守責，保衛朝廷。

仁義對降兵

當時，南齊朝廷內鬥不斷。潯陽蕭子懋意圖帶兵建業，削弱蕭鸞兵權，卻被蕭鸞得知，於是派裴叔業襲擊潯陽，對外聲稱是去當郢州府司馬。潯陽守軍蕭子懋知道消息走漏，加強守衛。裴叔業故意坐船沿江逆水而上，造成他不進攻的假象。到了晚上，藉著夜色掩護，他帶兵突然返回進攻守軍，攻破了潯陽城池，但是，蕭子懋的軍隊人數太多，並未能完全占領潯陽。於是，裴叔業就勸說蕭子懋：「蕭子懋，趁現在你們還沒有造反，奉勸您還是回到國都，我擔保您不會有事。大不了當個閒官，也不失富貴呀。」

蕭子懋的部下知道蕭鸞的厲害，繼續對抗一定沒有好下場，結果多人起兵倒戈，投降到裴叔業的部隊。蕭子懋當然非常憤怒，卻也無法改變局面，終被部下所殺。

裴叔業看到歸降來的人，說，這些見風轉舵、不忠不孝的人，留在部隊裡也是禍害，還不如盡數殺之。馬上有部下勸裴叔業，千萬不要開殺戒，他們都是軍士，不殺他們，將來征戰肯定盡力。裴叔業這才醒悟，沒有濫開殺戒。

重情義難反主

幾年後，南齊皇帝蕭鸞死了，兒子蕭寶卷繼位。裴叔業繼續當著將軍，後遷任南兗州刺史。由於一次軍事行動，蕭寶卷對他起了疑心，聽從讒言，要處罰他。雖然裴叔業用實際行動，證明了自己的忠心，但仍憂懼不已，派親信到雍州刺史蕭衍那裡尋求保護。他在給蕭衍的信中說：「天下之事，大勢可知，恐怕現今沒有自立之理。您如能牢牢把住襄陽，則當勠力自保；如不然，回而向魏，也可作河南公。」

蕭衍回信說：「群小用事，能維持多久？想來想去，你只有送家屬到京城以表明心跡，自然沒有禍患。如若他們仍咄咄相逼，我就統領馬步二萬直出橫江，斷他們後路，則天下事就可一舉而定了。你若想面北，魏廷必定派人取代你，把你安置在黃河以北，河南公哪裡還能得到？如果這樣則南歸的希望就斷絕了。」

裴叔業遲遲下不了反叛的決心。而當時蕭寶卷昏狂，日滋月甚，淫虐遍及朝野，濫用淫刑，國家眼看就要瓦解。裴叔業這才下定決心，帶兵逃離。可惜，軍隊沒來得及渡過淮河，裴叔業就病逝了，享年六十三歲。

第八節　用明逆順裴虔通

河東裴氏族人中，有一位裴虔通，歷官隋唐，曾經是隋煬帝的親信隨從，做過監門校尉、宣惠尉、監門直，最後當上通議大夫。隋亡唐代後，裴虔通被朝廷授予徐州總管，再轉任辰州刺史，因他是前朝遺官，又因酒後狂言，招之被貶驩州而客死他鄉。

嚴格的家教

裴虔通出身河東裴氏名門，自幼聰明，家境不錯，是標準的少年得志。小時候，父親問他的志向，他說：「良禽擇木而棲，大丈夫自然也要尋找一個明君。」當時，隋室晉王，後來成為隋煬帝的楊廣看中他的才華，用為親信。虔通的父親為人老派，見兒子終日跟著楊廣，也沒多話，只是諄諄告誡裴虔通：「做臣子的要忠誠，不敢當著晉王的面說什麼良禽擇木而棲的話，你要小心言多必失。」

裴虔通問：「兒子服從父親，就是孝順嗎？臣子服從君主，就是忠貞嗎？」

父親沒有回答裴虔通的問題，只是問他還記不記得《論語》裡孔夫子說過的話。

裴虔通說：「這個故事您講過多遍，孩兒自然記得。」

父親就問他：「你說記得，能講給我聽嗎？」

裴虔通當即講述：「擁有萬輛兵車的大國，只要有四個敢諍諫的大臣，疆界就不會被割削；擁有千輛兵車的小國，有三個敢諍諫的大臣，國家政權就不會危險；擁有百輛兵車的大夫之家，有兩個諍諫的大臣，那麼宗廟就不會毀滅。父親有個諍諫的兒子，就不會做不合禮制的事；士人有了諍諫的朋友，就不會做不合道義的事。所以兒子一味聽從父親，怎能說這兒子孝順？臣子一味聽從君主，怎能說這臣子忠貞？弄清楚了聽從的是什麼才可以叫孝順、叫忠貞。」

父親說：「就只有這些嗎？」

裴虔通繼續說：「孟子曾對齊宣王說過，君視臣如手足，則臣視君如腹心；君視臣如犬馬，則臣視君如國人；君之視臣如土芥，則臣視君如寇仇。」

父親追問：「那怎麼做好臣子的本分呢？」

裴虔通說：「君有大過則諫，反覆之而不聽，則易位。」

他終於明白了父親的良苦用心，知道自己該如何在官場行事了。

衷心侍君

裴虔通跟隨楊廣長年征戰，數年後，南北統一，隋朝建立。開皇二十年，楊廣設計，太子楊勇被廢，楊廣如願當上太子。身為楊廣親信的裴虔通，升為監門校尉。仁壽四年，隋文帝一病不起。舉國悲傷之時，卻傳出太子楊廣非禮皇帝愛妃之事。裴虔通聽了大吃一驚，過去楊廣密謀廢太子，他只知「無毒不丈夫」，做大事之人，不必講究細枝末節，可楊廣又做出如此違背人倫的事，身為臣子的他，想著應當找個合適機會，向楊廣提點意見。

但是，裴虔通心中也七上八下：「楊廣能聽得進去嗎？」

裴虔通身為楊廣的心腹，又為廢掉太子出謀劃策，裴虔通被楊廣稱為當世張良。大家稱讚他的才華時，對他的為人也看得相當清楚。老臣中的頑固派就說，裴虔通這樣的人，過於寵信必定會有後患。楊廣初登大寶，任命裴虔通為宣惠尉時，又有人暗中勸楊廣小心，不如另派人牽制裴虔通。楊廣卻並不理會，他反而說：「裴虔通這個人跟了我這麼久，他是怎麼想的，難道還能逃過我的耳目？借他十個膽子，難道他還敢翻了天！他膽敢胡來，不過自己找滅族之罪而已。你們不用擔心了。」就連裴虔通的表哥都曾經勸楊廣提防裴虔通，還翻出裴虔通年輕時說過的話。楊廣聽了哈哈大笑：「這樣的話，將來不管出什麼事我也只處理裴虔通本人，不連累裴氏一家。」

告密的小人是如此之多，裴虔通哪裡敢輕舉妄動呢？他自然懂得明哲保身的道理。故看見楊廣無論做出怎樣荒唐無恥的行徑，大臣們還是極力誇讚。裴虔通就知道這個時候，什麼勸諫都沒有意義。不過，他還是盡力盡責，做好分內的事。楊廣雖然殘暴，但見裴虔通沒有反心，還腳踏實地做事，就提升裴虔通為黃門直閣。

大義滅暴君

天下大定，隋煬帝楊廣先是下令營建東都洛陽，又開鑿大運河。不久，又舉國徵兵，討伐高句麗。一時民怨沸騰，處處狼煙。而隋煬帝為避亂民，又要巡幸江都。沿途忠臣直言勸諫，都被隋煬帝斬首。裴虔通食人之祿，順應時勢，見機行事，是唯一選擇。

武德元年，江都糧食告急，逃兵不斷。東城守將虎賁郎將司馬德戡自知報告皇帝是死，便與虎賁郎將元禮、黃門直閣裴虔通等商量，準備率領部隊西歸。至此，一起西逃演變為集體叛亂。夜晚，守衛值班元禮與裴虔通撤掉所有門栓。司馬德戡在城東召集數萬兵馬，點火為訊號，舉事西歸。隋煬帝楊廣看到了火光，問是怎麼回事。司馬德戡說，是草房失火，眾人在救火。

等到隋煬帝明白自己已是眾叛親離，就換掉朝服，逃到西閣。校尉令狐行達衝上樓，把楊廣押下樓來。楊廣寵信裴虔通，見到他就質問：「很多人包括你的親戚都和我說過，你裴虔通長有反骨，我從不相信，而現在事實證明，我楊廣看錯了人。」

裴虔通說：「臣不敢造反，只是將士們思念家鄉，想要保護陛下返回京師。」話是如此說，裴虔通還是吩咐士兵對隋煬帝嚴加看管。

天亮後，眾人迎接宇文化及上朝，拜為丞相。叛將歷數隋煬帝罪過，隋煬帝愛子楊杲才十二歲，嚇得一直哭。裴虔通聽得煩躁，為在眾人面前表現他與隋煬帝劃清界限，便一刀劈死了楊杲。楊廣自知大限已到，想留個全屍，只求眾人給他毒藥。裴虔通乾脆一不做二不休，與眾人一起勒死了楊廣。

酒話招殺身之禍

隋煬帝被殺，隋亡李代，唐朝建立。裴虔通加授徐州總管，又升辰州刺史，封長蛇縣男。裴虔通身為前朝舊人，又獲重用，有時酒喝多了，不免逞情使意，與人吹噓當年如何參與誅殺隋煬帝，如此，唐王朝才得以迅速成就大業。

武德九年，李世民發起政變即位，次年改元貞觀。李世民早就聽說過裴虔通的酒後狂言，心想這麼一個人，受人之祿，竟然恩將仇報，這樣的不忠之臣，怎麼能重用？誰知道他會不會將來又如此對待大唐王朝？於是，李世民頒下〈貶裴虔通詔〉：「天地定位，君臣之義，以彰卑高。既陳人倫之道，斯著是用，篤厚風俗，化成天下。」

裴虔通被貶驩州。臨走前，只是交代孩子，要用心讀書，但不可想著當官，因為官場太多風險。裴虔通的一番話，說得妻兒流淚。裴虔通又說，男兒有淚不輕彈，父親又不是去赴死，將來見面，你要用你的成績和我說話。妻兒哽咽，說到後來，裴虔通眼眶也紅了。

貞觀二年，裴虔通客死驩州。後世之人，再論裴虔通功績，再不以君臣本分判斷人倫，而是認定他殺死暴君，功過難以盡述。

第九節　出將入相裴行儉

裴行儉是聞喜裴氏家族中最有名氣的將相之一，生活在唐代初期，跟眾多唐初文人、官員都有來往，許多後世介紹裴氏歷史的書籍中，都會把裴行儉作為一個重要人物記述。《新唐書．列傳第三十三》記載：「裴行儉，字守約，絳州聞喜人。貞觀中，舉明經。任左屯衛倉曹參軍，時蘇定方為左衛中郎將軍，謂曰：『吾用兵，世無可教者，今子也賢。』……麟德二年，擢累安西都護，西域諸國多幕義歸附，召為司文少卿。」這段話把裴行儉的籍貫、軍事思想、官職等作了大致上的介紹。有關他的傳說、故事也很多。

出身名門，儲備知識

武德二年，裴行儉出生。這一年，他的父親裴仁基、哥哥裴行儼，圖謀殺死王世充未遂，反受其害。裴行儉雖然沒能親眼領略父兄的風采，但爺爺裴定經常講述父兄的事蹟給他聽，從小就立下了宏大志向，要像父兄一樣做英勇善戰的將軍。

武德年間，唐高祖李淵追贈裴仁基為原州都督。裴行儉作為裴仁基的兒子，受恩蔭補授為弘文生。

裴行儉每天待在弘文館中，認真讀各類書籍，只是想著趁早多儲備一些知識，並沒有著急去當官。時任尚書左僕射的房玄齡跟裴家有交情，有一次去裴家見了裴行儉，問他為什麼不去考試？裴行儉回答道：「隋朝滅亡的時候，戰亂不斷，人民流離失所，我家藏書丟失殆盡。現在弘文館有這麼多好書，我還沒有看完，至於考試求功名，並不是我現在最想做的事情。」

房玄齡聽後，感慨不已，認為這孩子的想法非常對，如果不學習補充知識，以後不一定能有作為。和裴行儉的爺爺裴定談到此，對裴行儉連連誇讚：「此子志氣高大，足可淩雲沖霄，以後他一出道，定能一日千里。」

裴定對孫兒的做法也是欣賞的，只是謙虛地說：「年輕人容易恃才傲物，萬萬不可過度誇獎，還是要嚴格管教才是。」

事實上，裴行儉並不需要他人監督，他早早就明白自己的責任。自從父兄死後，他就明白自己是家裡的繼承者，做事為人，都應當謙遜有禮。他也更理解了父親為他取名行儉的意義：儉，德之共也。他要用實際行動回報爺爺和父親的期待。

受名將賞識，盡顯才幹

貞觀年間，裴行儉覺得自己的知識已經足夠應對各種考試了，在家人的支持下，參加了明經科的考試，順利成為舉人，被朝廷授左屯衛倉曹參軍，成為當時名將蘇定方麾下的謀士。由於他知識豐富，說話辦事都很有章法，蘇定方非常看重他的才能，有一次直接對裴行儉說：「我用兵之法，當今世人無一可授，只有你的賢能才配啊！」

裴行儉當即叩頭，感謝蘇定方的抬舉和賞識。此後，裴行儉跟隨蘇定方學習打仗要訣，襲敵奇術。蘇定方經常在皇上面前述說裴行儉的能力。不久，皇帝下詔轉調裴行儉為雍州司士。因為才能出眾，政績突出，裴行儉之後頻頻升遷，歷任金部員外郎、戶部員外郎、都官郎中。永徽六年，升任長安令。這是重要的職位，天子腳下，統管都城長安的各項事務，沒有過人的能力是難以勝任的。

為官一方，裴行儉恪盡職責。此時，兒子裴光庭已經不小了。繁忙的政務之餘，他也不忘對兒子的教育，因為自身的經歷讓他明白，對兒子的培養一定要從小做起，要言傳身教，讓兒子有切身感受。所以，平日處理一些不太重要的公務時，也會讓兒子旁觀，讓兒子學習如何知人信人、決斷時務。

麟德二年，裴行儉被任命為安西大都護。任職期間，裴行儉廣施仁義，西域各部族聽聞他的德名，都心甘情願歸服，沒花幾年就讓西域平安無事了。朝廷賞識他的才能，又調回內廷，任命為司農少卿。

選賢任能，完善制度

唐朝咸亨初年，裴行儉改任吏部侍郎，除了全面負責吏部事務，還主持全國進士科考試。針對各部人數眾多，人浮於事的現狀，裴行儉經過調查研究，寫成〈新格〉一文，完善了唐朝遴選朝廷各部人員的辦法。具體而言〈新格〉內容，就是依靠「身、言、書、判」四條原則來選官。身，即體貌；言，即言辭辯才；書，即書寫能力；判，即思考判斷。有了這四條，先前人事管理的雜亂局面，終於井然有序了。

當時，被後世譽為文壇「初唐四傑」的楊炯、王勃、盧照鄰、駱賓王等四人以詩文出名。吏部官員李敬玄推崇他們，就領著裴行儉去考察這幾個人的作品和才氣。裴行儉省視一番，對李敬玄說：「賢士要想顯達致遠，首要是大器和膽識，其次才是才藝。像王勃等人，雖然才氣過人，只是浮躁露骨，沒有內涵，這樣的人，不大可能擔當大任，為官一方。當然，也有例外，比如楊炯，穩重寡言，應該能勝任一定職務。」之後，事實果然證明裴行儉慧眼識人，說得完全正確。

善於用兵，安定邊疆

儀鳳元年，吐蕃侵襲鄯、廓、河、芳等州。裴行儉奉命帶兵出征，擔任前線總指揮。由於雙方兵力相當，短時間內目標未達。三年後，吐蕃贊普去世。唐高宗看到吐蕃新老交替，有可乘之機，就讓裴行儉出兵。裴行儉審時度勢，認為並不是最好的時機，就行文稟報皇上：「吐蕃雖然新舊交替，但現在由論欽陵掌權，大臣們都接受，上下同心，繼續抵抗大唐，軍力還是強大的。如果在這種時候出兵跟他們作戰，不是最好的時機，還是再觀察一段時間為好。」高宗聽了他的意見，沒有冒險出兵。

第二年，西突厥可汗阿史那匐廷都支聯合李遮匐，煽動吐蕃叛亂。高宗召集群臣，商議發兵征討這些叛軍。還是吏部侍郎的裴行儉陳述了自己的意見：「近年來吐蕃數度叛亂，兵火不止。咸亨年薛仁貴就大敗於大非川，儀鳳三年李敬玄又大敗於青海，這幾次大戰，使得大唐軍力削減，那一帶的老百姓也遭了殃。這種時候，再興兵打仗，只怕將士不會盡力，老百姓也不支持。因此，我的意見是軍事高壓與政治撫慰，雙管齊下收服他們為好。正好波斯王駕崩，我願意做大唐的特使前往。此行要途經西突厥、吐蕃，我一定能見機行事，兵不血刃，用計謀收服他們。」高宗同意了裴行儉的意見，任命他為安撫大食使，出使波斯。

前些年，裴行儉任職西域時，在西北邊陲威望很高。這回聽說裴大人到來，當地官民紛紛出城迎接。裴行儉趁機對外放話，說當下酷熱難當，準備就地休整，待秋高氣爽後再上路。叛軍中計，不再設防。裴行儉又召集安西都護府所轄龜茲、于田、疏勒、碎葉四鎮官長，說是要去圍獵。當下就有萬人跟隨。裴行儉利用智謀，各個擊破叛軍，平定邊陲。

裴行儉靠大智大勇，平定邊陲的威名，一時傳遍朝廷。

永淳元年，西突厥再度叛亂，皇上還是派裴行儉去討伐。此時，他已年過六十，知道自己年事已高，精力有限，再次帶兵出征，覺得會戰死疆場，便找到兩個貼心的部將蘇味道、王劇交代後事：「我有幾個兒子，都還年幼。或許這次出征我就回不來了，不能直接培養他們了。你們兩位將來如果執掌軍事大權，希望你們能對我的兒子裴光庭、裴參炫、裴延林、裴慶遠幾個兄弟多加幫扶。」兩位部將含淚應允。

他又把幾個兒子叫到面前，告誡他們切莫恃仗祖上威名，活在父輩的功蔭裡，一定要勤學苦練，學好本事，將來才有出頭之日。這一年四月，還沒踏上征途，裴行儉就病故在長安家中，時年六十四歲，一代名將告別了人世，留下了令人尊敬的英名。

第十節　仁至義盡裴羽

唐朝是繼隋朝之後大一統的中原王朝，共歷二十一帝，享國二百八十九年，也是聞喜裴氏家族出人才最多的時期之一，其中裴羽是比較有特色的一位。《舊五代史·後周·列傳八》記載：裴羽，字用化，唐僖宗時宰相裴贄的兒子。後唐明宗時，裴羽任吏部郎中，出使福建，遇到大颱風，飄至錢塘，被當地領袖安重誨留下。安重誨不與朝廷友好，好幾年不放裴羽回歸內地，直到安重誨死去，繼任者吳越重新跟朝廷和好，裴羽才回到都城長安。之後，他官職不斷升遷，做過禮部侍郎、太常卿、左散騎常侍，逝世後朝廷追贈工部尚書。

關鍵時刻出智謀

裴羽學識深厚，父親裴贄曾當過唐僖宗時的宰相。當時已經是唐朝晚期，王室衰微，而各地諸侯卻越來越強大，擅自征伐，世道紛亂，天下多事。唐僖宗任命裴贄西征，討伐叛敵。裴贄深諳用兵之道，巧施離間計，西域蕃王悉數歸順。捷報傳到朝廷，卻引起投降派大臣嫉妒，誣告裴贄與部下大將假借征討之名裡通外國，還對僖宗說，只要傳條聖旨，讓裴贄殺掉部將，即可明白他是否聽命於朝廷。僖宗聽信這些讒言，讓人傳話要裴贄殺戰將。裴贄只好殺了幾位有功的戰將，結果一時軍心大亂。

裴羽正好隨侍軍中，知道了這件事，對父親裴贄說：「父親大人為什麼要做這樣危險的事情?如果確實容不下這些為你出生入死的大將，回到長安再殺掉他們也不算晚啊。現在軍隊遠在數千里之外，沒有看見一尺詔書就殺死功臣，這是動搖人心，這是招亂。」

裴贄說：「我也後悔，你說該怎麼辦呢？」

裴羽獻出一條計策，招來三、四個文書吏，登上樓，撤掉梯子，偽造詔書，倒蓋上都統印章，次日黎明告諭各軍，先前殺戰將的皇上命令是假的，這張詔書才是真的，要軍士安定，不會再有亂殺戰將事發生。這樣，軍心才穩定下來。

改朝換代，多國任職

裴贄帶兵回到京城長安，因功再居高位。他深知兒子裴羽聰穎，但怕有時站錯隊，經常提醒裴羽：「亂世之下，你一定要跟對明君，否則將來總有吃虧時候。」並舉出隋末唐初本家裴虔通的例子，後世之人說是裴虔通剷除了暴君隋煬帝，可是等到李世民即位，卻不認同這些弒君之人，下場並不好。他告誡兒子：「做臣子的，要麼忠心耿耿，要麼安心做個普通百姓。」

裴羽空有一身抱負，值此離亂之際，難以施展宏圖之志。等到父親去世，也只是憑藉一品大員之子身分，被朝廷蔭授河南壽安縣尉。如此小官，根本不是他的志向。大唐滅亡，裴羽本意還鄉養老，怎奈眾人舉薦，事奉後梁國，出任御史臺主簿。不久，升為監察御史。沒幾年後梁國滅亡，裴羽改事後唐國，做吏部郎中。

後唐明宗李亶初登帝位，多次赦免天下罪人。裴羽就勸諫道：「管子說過，大凡赦免這種事利小害大，時間長了就經受不了它造成的災禍；沒有赦免，則害小利大，時間長了有說不盡的好處。不能把赦免當成恩德，因為赦免了有罪之人，就是對被害之人的不公平。我朝遵循的是歷朝歷代的法律，要不然，以後還拿什麼規章制度來整治民心呢？」

李亶知道裴羽是幾朝老臣，為人處世有原則，加上他又喜歡臣子提意見，聽了裴羽的話也能接受。

為官廉潔自律

裴羽掌管後唐吏部，任職多年。當朝宰相都是裴羽在任時放榜錄取的，他堅持公平公正的選拔原則，不收禮，不講關係。每次公布後，總有一些官員帶著新錄取的進士拜訪裴羽，他的原則是不迎不送，更不收禮。

裴羽的兒子聽到一些說法，也認為父親的做法不合禮節，就問裴羽為什麼這樣做？裴羽說，我掌管吏部，對於一些下屬官吏的求見，明白他們是要回報，肯定帶有貴重物品，我要是熱情迎送，那就違背了我當官的原則，我不會那樣的。兒子雖然不太服氣，卻也一時無法反駁。

裴羽從這件事察覺到兒子應當好好轉變觀念，所以，時時拿祖傳家訓教育兒子，叮囑他，做人要忠誠，為官一任，要盡職盡責，廉潔自律；對朋友，要仁至義盡，肝膽相照；對自己，也要忠於良知，切不可做一個偽善之人。兒子聽從裴羽的教育，後來在官場同樣是認真負責，廉潔奉公，政績突出。

第十一節　知人善任裴堅

裴氏家族中，宰相眾多，都能知人善任，傳為佳話，其中之一的裴堅尤其突出。裴堅生活在吳越國時期。《吳越備史》記載：裴堅，字廷實，父親裴光庭，官至中書令。裴堅幼年聰明，善於作文，長大後在吳越國任職，善於為政，條理有方，為官禮部尚書、中書令，拜吳越國丞相。五十六歲病逝。

特殊家教

裴堅出身官宦世家，曾祖父裴仁基、祖父裴行儉、父親裴光庭，都是朝廷重臣。幼年時，裴堅就得到父親裴光庭的良好教導，年紀輕輕就博得聰明敏捷、善於作文的美名。

儘管裴堅被人推崇，裴光庭為了不讓兒子驕傲，很少表揚，反而時常當著別人面指責裴堅。有一次裴夫人又見丈夫裴光庭大聲喝斥裴堅，聽不下去了，站出來保護兒子，說：「你這麼不講究方法，整天挑孩子的毛病，只會打擊孩子的信心。我們做父母的不是更應該多鼓勵孩子嗎？」

裴光庭說：「妳一個婦道人家，哪裡懂得怎麼教育孩子。」

裴夫人見丈夫一意孤行，也沒再爭執。倒是裴堅開始了反抗，說：「父親，難道在您眼中，我竟然差勁到如此地步，需要您天天在眾人面前羞辱我嗎？」

裴光庭說：「你要是連我說你幾句都承受不了，以為是我對你不好，將來要是有人非難你，你還不找人拚命？」

裴堅回答：「那也要看他做得有沒有道理。」

裴光庭說：「那我問你，假設我現在要上中條山，依你看，我是用好馬拉車呢，還是用老牛拉車？」

裴堅說：「再笨的人也知道要用好馬。」

裴光庭又問：「那為什麼不用老牛？」

裴堅說：「道理太簡單了，因為好馬能夠勝重任。」

裴光庭語重心長地說：「兒子，你說得一點沒錯。為父之所以時常責罵你，也是因為你天資聰穎，值得我一再教導你。古語不是說了嗎，玉不琢，不成器。將來要是碰到說你不是的人，你要感謝他。人窮其一生，能遇到幾位用心雕琢璞玉的師傅啊！孔夫子說，見賢思齊，見不賢而內自省也。」

裴堅這才明白父親的苦心，知道父親是怕他恃才自傲，於是越發謙遜，賣力讀書。

知人善任七條原則

裴光庭一心栽培兒子，怎奈身處唐朝末年，根本沒有穩定的環境供人一展才能。到了五代時期，裴堅流落到江南，事奉吳越王錢鏐。

一次宴會上，吳越王錢鏐對裴堅說：「聽說你知人善任，擅長評論各種人才，你不妨從你的本家裴羽開始，評價一下他們這些官員的優缺點，同時也和他們比較比較，你在哪些方面更有出眾之處。」

裴堅明白這是皇上在考驗自己，就說：「孜孜不倦地工作，一心為國，凡是知道的事都盡心盡力，在這方面我比不上當朝宰相。常常留心問題，敢直言勸諫皇帝，這方面我比不上裴羽。文武全才，既可在外領兵作戰當將軍，又可以進入朝廷從事政務，我比不上王弘倧。向皇上報告國家公務，詳細清楚，宣布皇上的命令，或者轉達下屬的彙報，能堅持做到公平公正，這方面我趕不上錢俶。處理繁雜事務，解決難題，辦事井然有序，這方面我不如郭威。至於批判貪官汙吏，表揚清正廉潔，嫉惡如仇，知人善任，我也有一技之長。」

錢鏐又問：「知人用人有沒有什麼判斷標準呢？」

裴堅思考一番，答道：「當然有。第一，要考察他對是非問題的判斷，由此看他是否胸懷大志。第二，用尖銳的問題詰難他，看他能否做到隨機應變。第三，詢問一些專業問題，看他的對策，可以考察他有沒有知識經驗，具不具備分析和解決問題的能力。第四，看他醉酒後的反應。第五，看他能否經得住財富誘惑。第六，看他在禍難面前有沒有知難而進的勇氣。第七，託付他辦事，看看他的信用如何。」

吳越王錢鏐聽得高興，直說有此七條，不怕選不出賢能的人。在座大臣更是頻頻頷首，讚嘆裴堅的觀點。

良方救國

當時，為保護杭州城，吳越王錢鏐修築海堤，一時賦稅繁重。裴堅勸諫吳越王：「宋人在北邊虎視眈眈，您若不愛惜您的子民，人們活不下去的時候，只怕會勾結宋人，造吳越王朝的反。」

吳越王說：「修築海堤，保護杭州城也是必要的呀，該怎麼辦呢？」

裴堅說：「這樣的事應該交給戶部尚書去辦。我們吳越盛產海鹽，只要打通宋朝的關口，運到北方去，不愁沒有銀兩。有了這些收入，就不必從民間徵收過重的稅款，老百姓也就不會造反了。」

吳越王聽了裴堅的意見，把鹽稅的權力全部下放給戶部。吳越國的海鹽、絲綢遠銷北方，收入大增，也由此帶動了吳越國的經濟，減少了稅賦，民眾富裕，一時之間，蘇杭被譽為人間天堂。裴堅也受到吳越王的重用，歷任禮部尚書、中書令，拜吳越國丞相，政績有目共睹。

第十二節　忠直能臣裴莊

宋朝裴氏族人中，比較有名氣的宰相是裴莊。《宋史．裴莊傳》記載：裴莊，字端己，閬州閬中人。後蜀以明經登第，入宋，歷虹縣尉、高陵主簿、忻州通判、工部員外郎、河東轉運使、鴻臚少卿、太府卿、西京留司御史臺等職。天僖二年以八十一歲高齡離世。

天性頑劣，另類教育

裴莊的曾祖父裴琛做過後唐昭州刺史，祖父裴遠做過河東觀察支使，父親裴全福做過陝西戶縣令。少年時，裴莊淘氣異常，不愛讀書。父親裴全福沒少責罵他。倒是祖父裴遠心疼這個孫子，反而回過頭來告誡裴全福：「小孩子的天性就是愛玩，等他稍長幾歲，自然會明白事理，哪裡用得著你苦口婆心的責罵？要是他天資不夠，是頭笨驢，再怎麼責罵，難道他就能突然開竅？」

裴全福是個孝子，父親的話雖然比喻得並不貼切，也不敢爭執，只是問道：「那您說說該怎麼教育他，改掉調皮搗蛋的毛病呢？」

裴遠回答道：「每個人都有自己的長處，你要善於觀察，要把他的長處引導出來，發揚光大。」

裴全福說：「這麼說，裴莊胡作非為，口不擇言，我反而要鼓勵他嗎？」

裴遠仍然堅持自己的看法：「一個人敢說真話，敢挑戰僵化的權威，不也是一件好事嗎？」

至於怎麼教育，裴全福一開始也沒有想出什麼好辦法，他就注意觀察兒子的言行。不久，他發現裴莊對各種兵法有興趣，又愛鑽研易經八卦，於是，便延請這方面的老師來教育兒子。裴莊卻是天性不安分，耐不住寂寞，剛學了些兵法，便呼朋喚友，想著把書上的東西轉換為實戰。裴全福明知兒子玩的全是「小孩子的把戲」，也不過多干涉。倒是裴莊在朋友中如魚得水，年紀輕輕，身邊就聚集了一群兄弟，日日以習武、嬉戲為樂。

裴全福見兒子如此，免不了還是擔心，就問父親該怎麼辦。裴遠還是認為不能過於強求，說：「你年輕時候不也是這麼過來的嗎？到了這個年紀就得往外跑，成天窩在家裡，一個人也不結識，就是讀了幾頁古書，又有什麼意義？再說了，是時候讓他娶妻了。有了妻子，有了兒子，他的心性就會收斂，知道什麼是為人夫為人父的責任和義務了。」

事情果真如裴遠預料的那樣，平日裡玩得那麼瘋的裴莊，等到結了婚，有了孩子，完全變了一個人，開始用功學習了。雖然經書讀得並不好，卻由於聰明過人，參加了後蜀的明經科考試，一舉登第。

忠於職守，正直為官

乾德三年，北宋滅後蜀，裴莊歸順宋朝。先後任虹縣縣尉，高陵縣主簿。任職期間，裴莊堅持職守，辦事公道，獲得許多人稱讚。不久，又調往山西忻州，代理錄事參軍。因為管理糧草出色，又改任遼州判官。

雍熙三年，北宋大軍巡守邊防，朝廷委任裴莊掌管隨軍糧草。朝廷主管這項事務的內閣省長官楊守一讚賞他的出色業績，向朝廷舉薦，裴莊擢拔為大理寺丞。

幾年後，契丹人擄掠北宋的趙州、深州等地，宋太宗趙炅召見裴莊，詢問邊防事務。裴莊講了邊境地區雙方力量對比，北宋大軍能夠控制局勢，契丹人只是小打小鬧，不必大動干戈。況且，中原人民安居樂業，休養生息多年，沒有人再願意看到戰火重燃，契丹也沒有打仗的意願，還是採取措施，和解為好。宋太宗聽了，覺得裴莊分析得有道理，沒有派軍隊跟契丹開戰，減少了民眾的負擔。

咸平二年，契丹休整幾年，實力壯大，不斷侵犯宋朝北境，這時就不能和解了。這北宋朝廷任命裴莊為河北轉運使，跟隨大將傅潛，統率大軍駐紮定州，平定契丹。這個傅潛沒有什麼真本事，是靠攀附權貴當上主將的，因此，屢次與契丹交戰都不能勝利。裴莊看在眼裡，十分著急，於是上奏朝廷，強調傅潛沒有謀略、沒有勇氣，恐怕會招致失敗。然而，皇帝聽信讒言，相信傅潛，並不採納裴莊的建議，反而把裴莊調離軍隊，讓他到越州當知州。此後，傅潛戰敗，致其罪。遠在內地做知州的裴莊，不失時機地上奏朝廷，要求嚴懲傅潛；同時，他還提議，應當廢除橫徵暴斂政策，改變繁苛刑法，慎選官吏，重視農業。朝廷在事實面前，終於重新意識到裴莊的忠誠，採納了他的意見。不久，裴莊又改任潞州、邢州等地知州。

北宋天禧二年，裴莊調入京都，任刑部判官。此時，年事已高的裴莊，不再熱心官場，辭職回家養老，教育子孫去了。大兒子裴奐後來高中進士，官至屯田郎中；次子裴稷，官至虔州刺史。

天禧二年，裴莊去世，享年八十一歲。在那個年代，能夠活到八十幾歲，是不多見的，在裴氏家族中更少見。

第十三節　執法如山裴璉

明朝時期，裴氏家族比較有名的官員，是執法如山的裴璉。裴璉，字汝器。祖上為山西聞喜裴氏家族，出生在湖北省監利，幼年隨父親進京生活讀書。曾經任劍州知州、浙江按察僉事；成祖永樂元年，調任江西御史，幾年後再次被調往河南擔任按察副使，因執法不阿，被讒言所誤失去官職，後朝廷再次起用任廣東道御史。裴璉剛正一生，不畏權貴，被明成祖譽稱為「真御史」。晚年，被朝廷調回京城，任過刑部主事、工部右侍郎、刑部侍郎、翰林院編修。宣德十年病故。著有《野舟公集》。

良好的幼年教育

裴璉很小時候就從出生地湖北監利到了京城，父親是朝廷官員，有一座四合院，這為裴璉接受正統教育創造了良好的條件。在父親的教導下，裴璉每天捧著經書閱讀或者背誦，從小就有博聞強識的天才名聲。父親也常向外人誇讚，說裴璉聰明伶俐，每日能讀完一寸厚的書籍。

因為父親在京城當官，人緣不錯，又懂得教書育人，所以，裴璉的家裡幾乎每晚都擠滿了各色人等。父親與人討論時局，談古論今，他就在旁邊認真聽，有時也發表一些看法。如此一來，使得他知識累積得越來越豐富，家人也對他寄予了很大的期待。

然而，就在裴璉十三歲那年，父親因病去世。臨終前，父親諄諄告誡裴璉，要他繼續一心讀書，做個正直的人；當然，也希望他透過科考博取功名，光宗耀祖。裴璉跪在地上，聆聽父親的囑託，含淚點頭。父親的突然離世，重重打擊了裴璉幼小的心靈。好在還有寡母的教導，他才走出陰影，一頭栽進經書中。

努力總有回報

裴家本來是官宦之家，到裴璉出生，幾百年以來出過許多宰相級別的人物，說起祖上的功績，子孫們個個都倍感榮耀。但是，前人的功勳，是壓力，也是動力。聰明好學的裴璉，自然不敢怠慢，父親去世後仍然廢寢忘食，持之以恆地遨遊在書海裡。很快，他就成了一名秀才，然後繼續朝著功名出發。可惜由於時運不濟，裴璉竟然在科舉場上屢試不第，難以蟾宮折桂，志向遠大，意氣風發的裴璉變得鬱鬱寡歡。

關鍵時刻，健在的祖父出來開導孫兒裴璉：「科舉考試都有一套自己的體系和標準，你不能太固執，一味相信經書。古話說，盡信書，不如無書也。」

裴璉問道：「爺爺，按您說的，要是連考試都沒有固定的標準，是不是做人也可以見風轉舵、不講原則？」

爺爺耐心解釋說：「八股科舉，要的就是你對傳統文化、規則的適應能力。至於做人，你是個什麼樣性格的人，早就決定了。即便強求，你也不可能改變。做人還是要順從自己的內心，不要做對不起良心的事。」

好在有父親生前朋友的幫助，裴璉被選送到國子監深造，成了一名貢生。那段時日，裴璉依舊保持勤奮好學的衝勁，累積知識；同時，閒暇和朋友們討論治國馭民之道，表達自己的理想。

皇天不負苦心人，經過數年努力，裴璉終於中舉。洪武年間，被任命為劍州知州；後來又做到浙江、江西僉事。辦公之餘，裴璉常到當地官學，結合自己的學習經歷，為學生講授經史類知識，希望學生們勤奮讀書，報效朝廷。

廉潔奉公

洪武二十八年，明太祖朱元璋親賜裴璉上品官服，讓他深感責任重大。到了任職之地，裴璉深入民間，訪貧問寒，尤其是救濟那些無以為生的窮人，受到老百姓的讚揚。

可能是考取數年，才獲得功名，也可能是從小父母的教育，讓裴璉明白，公正合理的世道何其艱難，所以，待他上任執法，總是剛正不阿，遇到有犯法的權貴來求情，他也絲毫不讓步。

當時宦官專權，每逢朝會，各地官僚為了討好他們，都會獻珠寶白銀。而裴璉每次進京，總是不帶任何禮品。同僚們就勸他說：「你雖然不獻金銀珍寶，攀求權貴，也應該帶些土產，送點人情，以後朝中有人替你說情。」

裴璉常說的一句名言是：「我只帶清風進京。」

他的這話傳到宦官們的耳朵裡，對裴璉的意見很大。在混濁的官場，又有幾人能潔身自好！你裴璉要清高廉潔，就讓你官運不亨通。結果可想而知，裴璉最終因為宦官們的誣陷，被迫離職。

永樂初年，朝廷重新任用裴璉，讓他做監察御史，專門負責清查貪官。任職期間，裴璉一如既往，執法嚴明，剛正不阿。有一回，裴璉得知權貴汪東林欺壓百姓，便上疏彈劾。汪東林本是皇帝親信，皇帝聽不進裴璉的忠誠意見，不僅不採納他的彈劾建議，反而大為震怒，當即命令逮捕裴璉。

皇上和一群大臣、親信直接審問裴璉，把大刑伺候的裴璉押到堂前，皇上和大臣輪流訓斥他。裴璉並不認罪，堅定地強調汪東林就是貪官，必須要清除，否則朝廷會動亂。

皇帝越發惱火，問他為什麼都到了這個地步，還敢不認罪，還要堅持清除汪東林。

裴璉說：「我要是為了求生保命，肯定不能這樣做。我為國而死，雖死無憾。您是皇上，要殺掉我輕而易舉。我就算到了地府也不會改變！」

滿朝文武，見裴璉如此剛正不阿，頗為感動，敬佩他是真正的御史，不但口如鐵，其膝、其膽、其骨，都像鐵。

皇上和眾大臣也被裴璉的剛正不阿所感，沒有從重處理他，只是降級處理，不讓他繼續在京為官，發配到涪州任知州。幾年後，裴璉以年紀大為由而辭官。裴璉有《野舟公集》傳世。

第六話　傳奇故事永世傳

第一節　悠然鄉賢裴安祖

北魏年間，河東聞喜裴氏族中，有個聰穎過人的少年，叫裴安祖。他一生處理各種難事、怪事無數，並不熱衷當官，被人們稱之為悠然鄉賢。裴安祖在裴氏眾多官員名人中，獨樹一幟，美名流傳。

讀書才氣過人

裴安祖小時候有賴床的習性，每天去私塾上學，都是被稱為神駒的堂兄弟裴駿站在他家院門外，長一聲短一聲呼喊：「安祖，安祖，上學了！」

裴駿童音稚氣地喊，裴安祖家的狗也一聲聲地吠，時間久了，村裡的人都知道裴安祖是個瞌睡蟲，見了面大家遠遠跟他打招呼，都會笑說：「安祖，你又睡過頭了？」

裴安祖像個小大人似的，背著手走過去，說：「瞌睡是福，你們想睡還睡不著呢。」

每一天，裴駿呼喊裴安祖的聲音都會傳到村南一片竹林裡。竹林裡有兩間茅屋，簷下站著一個人，是裴駿和裴安祖的老師，老師也姓裴，是本家前輩。裴先生授業經年，學生成群來了又去，去了又來，有出人頭地飛黃騰達的，也有守著幾畝薄田在村裡度日的。裴駿裴安祖兄弟倆才思敏捷，裴駿能把《詩經．國風》倒背如流，裴安祖不喜誦讀，卻喜歡講解，他經常在裴駿背誦完一首詩後，即開始逐字逐句地剖析講解。有一次，裴駿背完，裴安祖開始講解，他說：「睢鳩雖是鳥，卻聲聲相和，有的君子雖迷戀淑女，卻不能善始善終；呦呦鹿鳴，食野之蘋，食野之蒿，食野之芩，鹿找到食物，是彼此呼應，共同分享，何況人呢？」裴安祖講這些的時候，老師看到周圍那麼多比裴安祖年長的學生，都面面相覷，不禁為他敦厚的品格和成熟的心智而暗自點頭。

裴安祖這麼解釋古文，生活中也是按古文說的去做。他家中兄弟姐妹眾多，家境又不怎麼好，但他總是彬彬有禮，每次吃飯從不搶先舉筷，直到父母兄弟姐妹們都捧起了飯碗，他才開口吃飯。

春節是民間最隆重的節日。北魏時期的聞喜裴氏族人，年年過春節時，長輩會把子孫們召集到祠堂裡，為列祖列宗的牌位行叩首禮，禮畢，一定要誦讀裴氏家訓。

大人們中規中矩跟著唱和，孩子們貪玩，很少有把心思放在聆聽家訓上，唯有裴安祖一字一句、從頭到尾跟著大人一起把家訓誦讀完畢。德高望重的族長就對大家說，一般人一眼望出去頂多幾里，別看安祖年少，他一眼能望到天邊，他有遠大抱負，前途不可限量。

智慧為官

古代有規矩，已冠而字之，成人之道也。裴安祖聰明伶俐，還不到弱冠年齡，就被東雍州的州牧相中，任命為主簿。主簿即為掌管文書的佐吏。所有州衙需要起草上奏的摺子、百姓擊鼓鳴冤要州牧決斷是非的當堂紀錄，都出自主簿之手。學識淵博且決事公道的裴安祖在主簿的位子上如魚得水，遊刃有餘。可是有一樣，他還是跟小時候一樣喜歡睡懶覺。州牧說，假如裴安祖能改掉嗜睡的毛病，做比我大的官職都不在話下。

東雍州北塬薛店有一對親兄弟，父親過世後留下一副三齒樓車，兄弟倆都想要，由口舌之爭演變成拳腳相向，隨後兩人的老婆跟孩子都跟著加入了，鬧得很嚴重，官司打到州牧那裡，州牧偏巧進京述職，州衙無人打理。正在酣睡中的裴安祖被吵醒，他打著哈欠把兄弟二人叫到一旁，說，記得小時候，教我的老師經常把一句「兄弟鬩於牆，外禦其侮」的話擱在嘴邊，《周易》裡邊有一句「二人同心，其利斷金」。今天我看到你們兄弟二人為一件農具爭得面紅耳赤，就差動刀了。我就懷疑古人說的那些話，也不一定都正確。我們裴家的家訓裡還有這麼一句話「世間難得，莫如兄弟。連氣分形，友恭以禮。姜被田荊，怡怡後啟」。是不是我家的家訓也出了問題了？

裴安祖的一席話，把兄弟倆說得啞口無言，他們互相看一眼，低著頭走出州衙。第二天，裴安祖正在堂上打瞌睡，昨天走掉的那倆兄弟又回來了，他們手挽著手走上堂來，撩衣跪倒，對著裴安祖磕了三個響頭。老大說，聽君一席話，勝讀十年書，我們為了一件農具，居然把兄弟情分丟在了一邊，真是不應該！

悠然自得的鄉賢

裴安祖勸說兄弟倆息訟的故事一時在東雍州傳為美談。有一次，他與幾個當差的小吏一起喝酒，酒過三巡，其中一個掌管州衙車輿馬匹的小吏說裴安祖是御風而飛九萬里的鯤鵬，怎麼會甘心做一隻井蛙呢？

裴安祖連連搖頭說，我是一隻居安樂天的燕雀，哪有什麼鴻鵠之志呢！廟堂高峻，我即使踮起腳尖都搆不到。況且，京師博大如海，我萬一去了那裡，就是滄海之一粟，消失得無影無蹤。京城小吏整日做些雞毛蒜皮芝麻綠豆的小事，就這樣過完下半輩子。與其如此，哪如我在州牧的衙門裡做些具體事務呢？

或許是州牧覺得這個主簿懂得太多，就辭了裴安祖。裴安祖倒也滿不在乎，整日在家中讀書睡覺，日子過得很悠閒。他對朋友說，當年五柳先生辭官歸隱過的就是這種生活，優哉遊哉，何樂而不為呢？朋友出城去郊遊，把馬車都停在他家門口了，可是最終是他的鼾聲把朋友攆走了。

伏天，酷熱難當。裴安祖袒胸露背躺在葡萄架下，做著莊周夢蝶的美夢。突然，是一隻長尾野雞從天而降，跌落在葡萄架下，尖厲的聲音把裴安祖驚醒了。他看見一隻凶猛的老鷹呼嘯著掠地而過，差一點就把可憐的野雞叼走。裴安祖自幼愛惜飛蛾紗罩燈，急忙從涼蓆上爬起，拾起那隻野雞，看到野雞身上並無傷缺，知道是撞暈了，就把牠放在葡萄架下，用湯勺餵了一點水。野雞是什麼時候飛走的，再次睡著的裴安祖就不得而知了，只是夢見有人對他深深地作揖，說救命之恩，永生難忘。醒來，卻見殘月高懸，銀光瀉地，夜深了。

北魏孝文帝是個勵精圖治的明主，他不僅頂著壓力，把京城從平城遷到洛陽，而且改鮮卑姓氏為漢姓，並參照南朝典章制度，制定了一套官制朝儀。這時，裴安祖年事已高。有一次，孝文帝巡視河東，忽然想起老臣裴駿曾經提起一個人，說河東有個叫裴安祖的賢達，有管仲樂毅治國安邦之才，就想見見他。裴安祖是在靠近黃河的蒲坂覲見孝文帝的，一君一臣在幽暗的油燈下促膝長談，直到東方露出魚肚白。孝文帝想授裴安祖安邑縣令，裴安祖拒絕了。

裴安祖八十三歲那年，在呼嚕嚕的酣睡中故去。家裡人看見一群羽翼華美的野雞圍著宅子轉了又轉，最後哀鳴著飛向稷王山，漸漸消失在稷王山的崇山峻嶺裡。

第二節　宦海沉浮一老臣裴佗

河東聞喜裴氏族人中，北魏時代出現了許多著名的良吏、清官、武將，其中之一裴佗是非常有特色的一位，尤其是厭煩官場，返回老家後，有許多傳奇故事流傳下來，為人們津津樂道。

為官智慧、清廉

裴佗，字元化，出身於聞喜裴氏家族。青年時代，裴佗認真研習《春秋》、《毛詩》、《易經》等儒家經典，博學多才。進入官場後，曾經代理河東太守的職務，很有政績。後來擔任趙郡太守，恩威並用，把趙郡治理得很好。他還經常把自己的俸祿捐獻出來，救濟窮苦百姓。再後來，他調任東荊州刺史，趙郡的很多百姓都去送行，一直把他送到州界。

東荊州有田盤石、田敬宗等幾個少數民族部落，大約有一萬多戶，憑著人多勢眾和險要的地形，不服從北魏朝廷的命令。好幾任刺史出兵鎮壓，都沒能征服他們。裴佗上任後，改用安撫的政策，派了一名能言善道的使者，與田盤石、田敬宗等人談判，要求他們歸順朝廷，以前的反叛罪行，都可以不追究了。田盤石等人了解了裴佗的政績和人品之後，覺得這位刺史可以信任，就率眾歸附，成為朝廷的子民。

田盤石、田敬宗的部落，本來是東荊州地區的不穩定因素，這個問題解決之後，其他的零星的盜匪也都改邪歸正，成為良民，東荊州老百姓的生活便安寧了。鄰近各州的百姓，聽說東荊州的治安好，紛紛遷移過來，先後遷來一千多家，東荊州地區，一片興旺景象。

裴佗在東荊州任職幾年，因病辭職回鄉，不久就去世了。臨終時囑咐兒子們，喪事從簡，不得收取別人的贈禮。史書稱，他家的宅子只有三十步，後人推算，大概是八分之一畝，相當於八十多平方公尺，換算成現代的房子還不到三十坪。也沒有購置田地園林，生活來源大概只有當官的俸祿。他生活非常節儉，從來不追求物質享受。夏天不用傘蓋，冬天不穿皮襖；而且，他性情剛直孤僻，不肯與俗人交朋友，來往的都是品德端方、學問淵博的大名士。他共有六個兒子，裴讓之、裴諏之比較出名，孫子裴矩是隋唐之際的名臣。

喜歡吃蒸菜

裴佗晚年在離老家聞喜不遠的北解縣生活，都是河東地區，因此，他特別喜歡吃蒸菜。

所謂蒸菜，就是把榆錢、茼蒿、薺菜、茵陳、地膚草、倒地鈴等野蔬切碎，攪拌麵粉，放在蒸籠裡蒸熟。吃蒸菜的時候還要配一點酸菜或鹹菜，潑一點辣椒油在上面，裴佗總是吃得津津有味。兒子裴諏之問他，這叫什麼菜？他用筷子指著蒸菜和酸菜說：「油澆辣子上等菜。」裴佗的飲食習慣是聞喜的一種吃法。他經常對六個兒子說，他們的祖籍不是現在的北解縣，而是東北方向的聞喜。當然，他也喜歡吃北解縣的羊肉泡饃。

裴佗一生當官，走過許多地方，雖然經常以「勤能補拙，儉以養廉；豐家裕國，莫乃為先」的家訓教化自己，卻也免不了入鄉隨俗，品嘗過許多地方的美食。但是無論走到哪裡，總是覺得不如蒸菜開胃，並且念念不忘北解縣的羊肉泡饃，還有車盤油糕、扯麵和綠豆餅。裴佗倒不是嘴饞，也不是天生就是個美食家，而是喜歡那種根植於骨子裡的祖先吃慣的味道，醇厚芬芳。

儉樸度晚年

裴佗老了，經常氣喘，兩條腿也不聽使喚，他習慣在獨居的小院裡晒太陽。院子太小，東牆到西牆三十步，北房簷到南牆不到三十步，所以他讓人把院牆砌得很低。街上有人路過，一抬頭就看見房簷下氣喘不斷的裴佗了。鄰居說：「院牆矮，怕招賊人惦記。」裴佗笑著說：「賊是惦記錢財的，我又沒什麼積蓄，每年領取的那點俸祿，除了家裡的花銷，補貼親朋好友，就所剩無幾了，還怕招賊惦記嗎？」

裴佗躺在一張竹床上，瞇著一雙老眼，透過太陽炫目的光線，回首眺望他的前半生。他看見自己在郡國學校裡跟著博士學《禮經》、《左傳》、《老子》，學《莊子》。筆走蔡侯，書聲琅琅。而他最喜歡讀的是《春秋》、《左傳》、《毛詩》和《周易》。別的學生只是隨老師人云亦云，囫圇吞棗，唸是唸會了，有的背得滾瓜爛熟，一旦要他們說文解字，就露怯了，如墜雲裡霧中。只有少年裴佗能把文章的段落要義、中心思想，字字句句清楚地講出來，並能以其為圭臬，寫出一篇臻於精妙、文采斐然，謀篇布局極具匠心的文章來，其題旨、遣詞、韻律，與他的年齡極不相符。先生總要拿他的文章當範文來讀，說，元化（裴佗字元化）有宋玉子建之才，假以時日，必成大器。

當時，朝廷盛行九品官人法，也就是九品中正制。中正官依據學生家世名望和個人行狀，然後確定品第。裴佗的父親雖遠在化外之地的惠州做刺史別駕，但畢竟是官宦世家，加以裴佗才華過人，被中正官以「天材英博、亮拔不群」為總評，確定為上中品秀才，受封國子學的中書博士。

那時的京都洛陽，一派繁華景象。在國子學裡，學生多是富家子弟，錦衣華服，言談高雅，他們的父母更是褒衣博帶，大冠高履，出則車輿，入則扶侍，可以說舉目盡是「上品無寒門」的貴族。裴佗置身其間，對仕途之道的個中三昧也了然於心。

幾十年後，裴佗進入暮年，膝下有六子，兒子們有的在朝為官，有的治學鄉里，他們都繼承了父親的睿智和品德，在各自的事業上發展得風生水起。裴佗每次在祖宗靈前上香時，都會感念裴氏先祖的厚德。

裴佗躺在竹榻上似睡非睡，恍惚間，看到自己離開了風聲、雨聲、讀書聲，聲聲入耳的國子學，威風凜凜地做了司徒參軍，日日鐵馬輕騎，彎刀在手，甚至有了棄筆從戎，身死寇場的萬丈豪情；時而又從司徒府轉投司空府，做了執掌章表書記文檄等文案工作的記室；時而又有門公送來拜帖，說是揚州任城王元澄開府倉曹缺個得心應手的參謀，想要他去赴任；還沒等他把倉曹參軍的位子焐熱，孝文帝的聖旨到了，朝廷聽說了他的才能，把他調入朝中，任尚書倉部郎中，兼理河東郡事，然後是尚書考功郎中、河東邑中正……那些年啊，裴佗像一盤不停旋轉的水磨，不知疲倦地工作，克己奉公，兢兢業業，唯恐什麼地方做錯。他所供職過的司徒、司空、尚書等機構，從上到下都對裴佗誇讚不已。宣武帝元恪繼位後，特別器重他，欽點他為員外散騎常侍，同時保留了中正一職。

清廉在官場

裴佗的父親裴景在告老還鄉後，很少跟鄉人談及他在惠州當官的經歷，反倒時常把裴佗的名字掛在嘴邊，說幾個兒子裡，裴佗最為出息。現在的裴佗啊，是皇上身邊的紅人，入則規諫過失，出則騎馬陪王伴駕左右，裴佗能有今天的成就，都是仰仗祖上的陰德，所以要貽謀燕翼，勿忘祖恩。裴佗是聽不到父親這些溢美之詞的，除了侍奉皇帝外，他還有太多的事情要做，宣武帝已經提拔他為司州治中，可是問題來了。

司州治中雖是司州底下的一個文職，但掌管的卻是京師洛陽之地的眾曹文書，在一般官員看來，那一定是個肥缺。加之又沒有人替裴佗在朝中說話，一些針對他的流言蜚語甚囂塵上，對裴佗非常不利。司州有一次上早朝，見負責監察百官的御史向宣武帝上奏彈劾一個人，這個人不是別人，正是他手下的治中裴佗。司州說：「木秀於林，風必摧之，此話不假，裴佗縱然不算是一個完人，也總不算是一個昏官吧？以前我不清楚他的為人，但自從他當了治中之後，我覺得裴佗做事是一個很講規矩的人，他所撰寫的文書從未出過差錯，御史大人如果是彈劾別人，我也就不多說了，至於裴佗，我以為應該嘉獎才對。」御史手執玉笏說：「我與裴佗素無瓜葛，為什麼要冤枉他。我是聽了大家私底下的議論才稟奏皇上的。」

裴佗在竹榻上恍恍惚惚看見金鑾殿上的宣武帝和顏悅色地對他說，裴愛卿，根深不怕風搖動，身正不怕影子歪，你做員外散騎常侍那陣子，朕就對你一百個放心。陽光西斜了，西斜的陽光朗照在裴佗身上，裴佗覺得自己一點都不歪，歪掉的是某些人的良心。就比方他後來任趙郡太守期間，整肅吏治的做法惹急了地方上的貪官汙吏，這些人又聯名上本參劾他，宣武帝均置之不理。而到他轉任前將軍、東荊州刺史的前夕，趙郡的百姓做了一件令他終生難忘的事情。那是一個赤日炎炎的夏日正午，當裴佗牽著一匹騾子，馱著他簡易的行李走出刺史府時，卻被眼前的景象震驚了，趙郡最寬闊的那條磚砌的大街上，黑壓壓站滿了人，人們臉上淌著汗，臉上掛著笑，手裡捧著酒具，見他出來，齊聲高呼裴青天慢走！再比方，他後來赴任的東荊州境內強人林立，占山為王為寇的數不勝數，他的前任幾乎都栽在治安政績上了，而他不費一卒一馬，僅派了一個能夠曉以利害的說客，就使多少綠林豪傑接受了詔安，曾經動盪不安的東荊州變得河清海晏，一派太平。

孝莊帝永安二年，裴佗在竹榻上過完了自己一生當中的最後一天。那時，夕陽西下，倦鳥歸林，北解縣的鄉村籠罩在一片裊裊炊煙裡，從很遠的地方隱約飄來蒸菜的馨香，只是裴佗再也聞不到了。

第三節　儉以養廉好為官的裴文舉

南北朝時期的裴文舉，字道裕，河東聞喜裴氏族人。祖父裴秀業，曾任魏國中散大夫、天水郡守，追贈平州刺史。父親裴邃，為人方正嚴肅，為州里所推重，歷任參軍、輔國將軍、雲騎將軍、大匠卿等，謚號「烈」。裴文舉繼承祖父、父親的為官之路，一生兢兢業業，清正廉潔，最後擔任了司憲中大夫，晉封公爵，食邑一千戶。武帝宣政元年，在南青州刺史任上去世。

進入相府鋪陳道路

裴文舉少年時，就知道西魏文帝元寶炬是個傀儡，真正執掌朝權的是丞相宇文泰。但這些關乎國家的大事，不是少年裴文舉需要關注的，那時候他孜孜以求的是努力讀書，在一個恰當的時機平步青雲，在政壇上發揮他的特長，為國盡忠。這個機會，不知不覺就來了。

宇文泰是西魏無出其右的巨擘，他的兒子們在父親壯碩羽翼的庇護下，過的都是人上人的日子，所以屬下們要為宇文泰的這幾位公子哥選聘幕僚，才子裴文舉就是這個時候走進丞相府的。

元寶炬的皇宮未必有後世的紫禁城那樣殿宇連雲、富麗無比，但宇文泰的丞相府必定是朱門大院，高屋廣廈，鋪花綴錦，富可敵國了。裴文舉的父親裴邃曾做過正平郡守，家境也不錯，可是在丞相府的所見所聞還是讓他大開眼界。

身為幕僚，裴文舉除了「陪太子讀書」外，就剩下陪公子哥出遊打獵了，過的當然是那種「左牽黃，右擎蒼，錦帽貂裘，千騎卷平岡」，或「草枯鷹眼疾，雪盡馬蹄輕」的瀟脫日子。可惜這不是裴文舉想要的，別看他年紀輕輕，卻飽讀詩書、廣涉經史，在入府之前已是丞相府墨曹參軍。好在隨遇而安的天性讓裴文舉和宇文家族的公子們關係相當融洽。這幾位公子哥，宇文毓是後來的明帝，宇文震是後來的宋獻公，宇文覺是後來的孝閔帝，宇文邕是後來的武帝，還有宇文憲、宇文直、宇文招等等，在他們還沒有成為帝王之前，與才子裴文舉就已經稱兄道弟，義結金蘭，好得就差穿同一條褲子了。但是裴文舉胸藏大志，丞相府恬淡的幕僚生活只會平添焦慮。

京城長安西南是號稱九州之險的太乙山，又稱終南山。山上有太乙真人煉丹留下的八卦爐，還有太乙真人打鐵淬火的仰天池。在丞相府看到的太乙山煙籠霧鎖，變幻莫測，南風吹來，甚至能夠聽到採藥人悠揚的歌唱：「太乙山，遍地寶，有病不用愁，上山扯把草。」每望到太乙山，每聽到採藥人的歌唱，裴文舉浮躁的心就會沉靜下來。

到了西魏最後一任皇帝，也就是恭帝拓跋廓的時候，裴文舉被朝廷賜姓賀蘭氏。而裴文舉在丞相府累積的廣泛人脈，也為他日後簡正清廉的官場生涯鋪就了道路。

為官廉潔自律

宇文覺是宇文泰的三子，也是北周的開國皇帝，他在堂兄宇文護的扶持下倉促登基，又在一個月後被堂兄篡殺。武帝宇文邕，經過十二年的韜光養晦，才得以誅殺宇文護。北周朝廷在血雨腥風中前行，而那些類似裴文舉一樣的文臣武將只能在各自的官位上盡職盡責。

齊國公宇文憲十分器重裴文舉，在他前往蜀地任職時，就把裴文舉帶在身邊，封為益州總管府中郎，後又加封為使持節、車騎大將軍、儀同三司，掌有生殺大權。其時，益州境內，沃野千里，六畜興旺，市井喧譁，商賈漁利頗豐，就連益州的空氣裡都蘊含了富庶的味道。像裴文舉這樣大權在握的官職，在蜀地是屈指可數的。他的下屬每次去拜訪他，都會覺得他的府邸太過寒酸了，空蕩蕩的屋子裡，僅一桌一床而已。下屬便說：「以往益州的父母官，赴任時單人匹馬，離任之時，大包小包，車馬盈巷，也未見得有貪名上達朝廷的；裴大人一心為公的同時，也該替自己的日後想想。其實大人只需一句話，就什麼都有了。」

裴文舉指著牆上一幅字說：「我們裴氏祖先有言在先，凡裴氏子弟，勤能補拙，儉以養廉。我身為朝廷命官，怎麼會去做貪贓枉法的事。雖說沒人討厭錢財，可是相較於名節，錢財畢竟是身外之物，在王道面前，只有名節是極為重要的。」

這件事傳到宇文憲耳中，他喚來了裴文舉，問他家裡有什麼困難，但說無妨。裴文舉說：「古人說得好，大丈夫處世，當掃除天下，安事一室乎？我連自己家的困難都解決不了，還要怎麼替益州黎民百姓服務？」

宇文憲拍著他的肩膀說：「你是我最信得過的朋友。」

像父親一樣清廉

數年後，裴文舉從蜀地回到中原，調任絳州刺史。初到絳州，就覺得此地似曾相識。他脫掉官服，在絳州隨處走動，看到有鄉民聚集的地方就湊過去，想聽大家聊些什麼。鄉民們除了談些莊稼收成、兒女婚嫁之類的事情，更多的是談及新上任的刺史老爺。有人就說，這個刺史老爺不知是不是貪官，大概再也沒有像裴邃郡守那樣愛民如子的好官了，每年春巡，裴大人就用一輛車子上路，跟班的也能少則少……

聽到這些議論，裴文舉宛如被閃電擊中一樣，裴邃不是別人，正是他死去多年的父親，現在他才知道，父親當年也在這個地方做過正平郡守，並留下了廉約自守的好名聲，以至於過了這麼多年，老百姓提起來都還懷念他的好。

裴文舉在絳州任職三年，就像他父親一樣被老百姓稱讚為好官。

總管韋孝寬是員身經百戰的武將，與裴文舉特別投緣，經常登門拜訪他。二人均好讀經史，縱論天下大事，他們的見解又驚人地相似。那個年代，人們習慣席地而坐，屁股下墊一個扁平的蒲團。韋孝寬每逢知己，總是覺得相互之間的距離太遠，一邊說話，一邊往對方跟前移動，說著說著，韋孝寬就與裴文舉的蒲團靠在一起了。裴文舉用指頭點了點他們坐著的蒲團，二人不禁哈哈大笑。這段佳話一直在聞喜一帶流傳。

第四節　心如晉水清的裴寬

唐朝是中國歷史上最強大的王朝之一，也是聞喜裴氏族人出文官、武將、文人最多的時期之一。裴寬就以廉明清正、剛直不阿、執法如山而名垂青史。

史書上記載，裴寬生性通敏，工於騎射，尤為文辭。剛入官場，初任潤州（今江蘇鎮江）參軍時，有人送鹿肉給他，怕他不收，悄悄放下肉就走了。裴寬看到後無法退禮，便把鹿肉埋在後花園裡。刺史韋詵知道此事後，非常嘆服，聘裴寬為按察判官，並將女兒許配給他。裴寬在官場上聲望很高，做到了刑部員外郎，朝野上下都猜測他一定會入閣拜相，但他剛直不阿的性格，不知不覺中得罪了宰相李林甫。李林甫是個工於心計的人，他挑唆裴敦復花五百金賄賂受唐玄宗寵幸的虢國夫人，向唐玄宗進讒言，裴寬由此被貶為睢陽太守。天寶十四年一代賢臣裴寬去世，享年七十五歲。

不徇私情，依法懲惡

有一條古代刑法叫「收孥相坐律」。大約在秦朝就有了雛形，到了漢文帝時期基本上就確定下來了。高麗人王毛仲就是被這條刑法剝奪了自由的權利，很小就被沒入官府為奴。幸運的是，王毛仲的主人是臨淄王李隆基。李隆基很喜歡這個性識明悟、驍勇善射的小孩，並把他逐步培養成統領萬騎的龍武將軍。在李隆基通往大明宮的路上，王毛仲始終是他忠實的死黨，誅殺韋后、剿滅太平公主及其餘黨，王毛仲均立下汗馬功勞。李隆基登基後授予他左武衛大將軍，進封霍國公，後又加開府儀同三司。位極人臣的王毛仲怎麼也沒想到，他的權威有一天會被一個叫裴寬的刑部員外郎藐視了。

王毛仲帶著一份厚禮找上裴寬。依他的身分是不需要這麼低聲下氣，可是為了保全部屬馬崇的性命，他什麼都顧不了了。王毛仲是個體恤下屬的仗義之人，在他看來，為朋友兩肋插刀很正常。他求裴寬辦一件事，就是放了萬騎將軍馬崇。細說起來，這個馬崇也不是什麼好人，仗著自己手握兵權，天王老子都不放在眼裡，因為一件雞毛蒜皮的小事，竟在人來人往的長安城朱雀大街上光明正大地殺了一個人，他把刀上的血還在那人衣服上揩了揩。死者的家屬呼天搶地，用獨輪車推著屍體去刑部打官司，要求嚴懲凶手。

殺人當然要償命，所謂刑不上大夫並不是什麼時候都行得通，在裴寬這裡就行不通。他已經把秋決馬崇的意見上報了朝廷。這時候，王毛仲坐著官轎來府上拜訪他了。

裴寬笑咪咪地接待了霍國公。他說：「鄙職和國公爺都是效忠當今聖上的臣子，國家所定的律法誰都要遵守，如果馬將軍犯的是謀而未行之罪，下官倒可以替他開脫，可是他犯的是謀而已殺之罪，下官縱有天大的膽子也不敢包庇他，說九說十，馬將軍是咎由自取。」王毛仲不想聽這個，只是命人把帶來給裴寬的禮物放下。裴寬卻像踩了蛇一樣尖叫起來，說萬萬使不得，國公爺是要我裴寬的命呀！就這樣，王毛仲在裴寬的一驚一乍中碰了一鼻子灰，又帶著那份禮物一邊咒罵一邊回到國公府。

王毛仲很生氣，從來沒有人敢這麼不給他面子，裴寬是第一個。但他身邊一個參謀對他說，國公爺有所不知，這個裴寬可是大有來歷的人，您送禮給他，還真的是要他的命。參謀講了個故事，說還是在先王睿宗年間，裴寬做潤州參軍事，有個下屬聽說他喜歡吃鹿肉，就悄悄把鹿肉送到裴寬家中。裴寬不知道是誰送的，就把鹿肉埋在自家園圃裡了。偏偏他埋鹿肉的過程被隔壁刺史韋詵的千金小姐在繡樓上看見了，告訴了韋詵。韋詵就把裴寬找去，問他埋的是什麼。裴寬就把埋鹿肉的事說了，韋詵便說，我早知道你們裴家世代謹身節用，廉潔自律，但沒想到這種潔身自愛的人就在我的身邊。韋詵就做主把自己的寶貝女兒嫁給了裴寬。參謀對王毛仲最後說，國公爺當初就不該去求裴寬，他是個死腦筋的人。

王毛仲冷哼一聲，說不識抬舉。嘴上這麼說，心裡也這麼想，總覺得是裴寬不給他面子，讓他堂堂的霍國公下不了臺，不就是個小小的刑部員外郎嗎！

心胸豁達的裴寬並沒有把這件事放在心上，新的調令下來了，朝廷任命他為戶部侍郎。當然，這個官不是白給的，有一件重要的事要他執手去操辦。

清廉為官，體恤民情

開元二十一年夏天的關中，不停地降雨，偶爾停歇，天上也布滿通紅的雲彩，接著天色黯淡下來，雨又來了。陰雨連綿一月不止，就連大戶人家的大瓦房都變成了水簾洞，更不用說泡在洪水裡的黍穀稻麥了。久雨初晴，關中百姓第一件事不是跑出屋外晒太陽，而是從泥漿裡尋找可以果腹的食物。

為了應對饑荒，朝廷開始醞釀東遷洛陽的計畫。當時的京兆尹裴耀卿替唐玄宗出主意，遷都之事非同小可，移駕洛陽實不可取，不如把司農從江南徵籌的糧食集中於洛陽，然後由那裡轉運到關中，只要關中經常保有數年之儲，就可高枕無憂了。唐玄宗覺得裴耀卿這個建議不錯，就讓他兼任江淮轉運使，主持漕運。裴耀卿想找個得力助手，自然想到了裴寬，並推薦裴寬為戶部侍郎，協助辦理漕運。

裴寬成為具體督辦漕運事務的主管，而且把轉運糧食的排程工作安排得井然有序。糧食都是花錢從江南的老百姓手中購買來的，朝廷也不能空手套白狼，每天經裴寬手裡進出的錢財數以萬貫計，卻從未出過一分一厘的差錯。裴耀卿後來經常跟人提起裴寬，說這個裴寬，你就是把金山銀山擺在他眼前，他都不會動心的。

第二年，裴寬因政績突出調任蒲州刺史。誰都知道蒲州是個好地方，因得益於黃、汾二河天然的滋養，並築有水利工程，往年的蒲州，澇疏旱溉，水旱從人。但開元二十二年的旱災，直接威脅到蒲州百姓的生命。裴寬赴任途中，見到許多外出逃荒的流民，心裡很不是滋味。也是天佑善人，當他的官轎剛踏上蒲州地界，久違的大雨傾盆而下，乾涸的農田頃刻間籠罩在滂沱的雨幕裡了。《舊唐書》載，裴寬出任蒲州刺史「州境久旱，蒲州刺史入境，雨乃大浹」。於是，蒲州百姓稱裴寬為及時雨。

裴寬的父親叫裴元晦，曾做過袁州刺史。從小裴寬受父親影響，懂得體恤民情是為官之根本，他來到蒲州，一改過去逢迎權貴的慣例，立刻深入飽受旱魃之苦的民間，賑濟災民，開倉放糧，對一些魚肉百姓、發昧心財的貪官豪強，該殺的殺，該抓的抓，絕不手軟。僅僅一年，蒲州凋敝的民生得以改觀。裴寬對治下的黎民百姓，可謂用心良苦。幾年後，裴寬被任命為太原尹兼北都留守。唐玄宗破例賜予他紫金魚袋，並稱讚他是「德比岱雲布，心如晉水清」。

由於皇上看重裴寬的才華，沒幾年就提升他擔任戶部尚書兼御史大夫。上任不久，刑部尚書，也是裴氏族人的大將裴敦復，從東南沿海回來了，他是去討伐海賊的，卻被海賊打得人仰馬翻，兵馬損失過半。打了敗仗的裴敦復想為自己找個臺階下，他要裴寬向皇上稟明他的勞苦功高，不是他打不過海賊，而是海賊太厲害了；如果換個人去討伐，說不定會全軍覆沒。裴寬皺著眉頭說，打了敗仗就是打了敗仗，你總不能讓我替你在皇上面前請功吧?你我雖為族人，但我不能昧著良心奏明聖上說你旗開得勝吧?由此可見，裴寬是個絕不徇情枉法的好官。

第五節　視民為父母的裴懷古

唐朝裴氏族人中出了一位以民眾為念、視百姓如子女的官員裴懷古，他有不少傳奇故事流傳至今。唐高宗儀鳳二年，朝廷選舉賢良，年輕的裴懷古上書言政，被唐高宗授為同州下邽縣主簿，不久遷授濟州錄事參軍。三年後調選授雍州櫟陽縣尉，任滿轉任洛州來庭縣主簿，之後一路升為監察御史、殿中侍御史、內供奉。到武則天時期，裴懷古幾次立功，被提升任潭州都督、相州刺史，徵拜為右羽林將軍，封聞喜縣開國公。景雲元年，裴懷古任汝州刺史，不久轉任并州大都督長史，進封河東郡開國公。相傳裴懷古所到之處深受官民愛戴。朝廷召回他任右羽林軍大將軍，不久還兼任并州長史。他到并州上任，官民聽聞，老幼相攜，至郊野歡迎。他不想讓當地官員難堪，就派人驅逐出迎之人，可是來的人卻更多了，可見他受百姓愛戴之深。延和元年，裴懷古回京任左威衛大將軍。八月，唐玄宗即位，三個月後，裴懷古在長安去世，終年七十五。

當官就要當個好官

裴懷古的第一個官位是他自己爭取來的。唐高宗李治選賢任能的時候，裴懷古竟然敢跑到宮門口呈了一道奏疏。奏疏上說了些什麼並不重要，重要的是，高宗賞識他敢對朝廷提出意見的勇氣，就封了他一個官——下邽主簿。主簿不算什麼厲害的官，只是替正經八百的官管理檔案文書之類的佐吏。在這個位子上，裴懷古其實沒做出什麼特殊貢獻。

永淳二年冬天，高宗駕崩，武則天上位，建立了武周朝。好多習慣了「忠臣之事君」的李唐朝臣，都不肯受封於武皇，待遇只能是被誅殺。裴懷古沒有這種愚忠的想法，他認為，只要做好自己分內的工作，倫理秩然，家國親仁，就是一個好官。

想做事的官，難免有棘手的差事找上門來。雲南姚安過去稱姚州，四川冕寧等地過去稱巂州，兩個地方在天授年間都有人聚眾造反。消息傳到朝廷，武周皇帝就委派裴懷古前去招安亂民。既是招安，顯然與鎮壓有著天壤之別，別看武皇對不聽話的朝臣儘可以用那種「突地吼」、「見即承」、「鐵圈籠頭」等酷刑殺一儆百，但對民間的「亂民」，還是相對寬容。裴懷古與武皇的策略不謀而合。

他不顧舟車勞頓，一到姚州境內就開始微服私訪，扮成一個商人，這裡走走，那裡看看，哪裡人多就往哪裡湊。造反是件大事，弄不好就會誅滅九族，街談巷議差不多都會涉及這件事。走的地方多了，裴懷古見識到的人也就多了，三教九流都有，有的甚至就是亂民家屬。他們說官逼民反，也是萬不得已；又說一日下水，終身是賊。言談間，多有對親人的前程擔憂。裴懷古得出一個結論，這次暴亂，是被一些不良的貪官逼出來的，也是被一些別有用心之人所蠱惑導致的，大多數參與暴亂的民眾並沒有十分明確的訴求。裴懷古就命令下屬在姚、嶲二州廣貼告示，投降的賞，且既往不咎；拒絕投降的殺，誅殺九族。

告示像長了翅膀一樣在當地廣為傳播，許多穿著蠻夷服裝的男子成群結隊走在通往州府的路上，他們看到有人已經笑呵呵地從州城出來了，臉上的笑說明他們領到了賞金，那些還走在路上的人，就不自覺地加快了腳步，知道朝廷派下來的這個裴大人是個說到做到的官。有投降的，必然也有拒絕投降的。裴懷古帶來兩把寶劍，一把叫懷柔，一把叫捕殺。懷柔是針對前者，捕殺是針對後者。他把作亂的主犯捕獲後，縛上囚車，前面是銅鑼開道，後面是刀斧手壓陣，從姚州，遊街示眾到嶲州，地方上的暴亂很快平息了。

老百姓也不喜歡打家劫舍，社會動盪，如果不是裴懷古快刀斬亂麻收拾局面，他們這裡還是一團混亂呢。眾人決定，替裴大人立個碑吧。一座功德碑在裴懷古還沒有離開姚州的時候，就被百姓立在了州城邊。武皇是個賞罰分明的皇帝，她看到裴懷古盡心盡責地為武周江山賣力，就加封他為監察御史。

善於調查研究的清官

監察御史不算個大官，按品級排序，只是正八品下，但它的許可權很廣，「分察百僚，巡按郡縣，糾視刑獄，肅整朝儀」，所以裴懷古的工作很雜。有一天，大理寺接到一封舉報信，是恆州鹿泉寺一個和尚寫的，舉報寺內的方丈淨滿，用弓箭射擊一幅女子圖，影射武皇，而那幅女子圖就藏在淨滿裝經書的經筒裡。案件非同小可，甚至驚動了武皇。

裴懷古接受了這樁案子後，覺得此案撲朔迷離。首先，上書的摺子上沒有署名，連當事人都不好找；其次是佛教自入土中原以來，基於自身信仰，很少聽說佛教徒會與朝廷為敵的，這個淨滿既可以成為一寺之方丈，說明這人腦子還算清醒，自然做不出雞蛋碰石頭的蠢事；三是佛門乃方外之地，出家人講究六根清淨，怎麼會有六根不淨之人舉報他們的掌門人呢？裴懷古去了鹿泉寺，勘察了幾日，寺院裡的和尚沙彌一個個都盤問過了，只有其中一個執事說不敢肯定方丈是否有用箭射擊女子圖。而裴懷古又聽其他和尚說這個執事因貪汙寺院裡的香火錢，前些日子被方丈訓了一頓，還面壁思過了三日。裴懷古心裡大致有了底，這才依照舉報人所言，在藏經閣裡找到一個經筒，打開經筒，一幅畫赫然擺在經卷之上。畫裡並不像摺子裡所說是單純一幅女子圖，而是一個和尚在用弓箭射擊一幅畫的圖。裴懷古不禁啞然失笑，栽贓方丈的這個和尚腦子怕是被驢踢了，舉報內容與實際明顯不符。

裴懷古沒有對淨滿一殺了之，而是帶著那幅畫回到京城面見武皇。武皇問他殺了沒有，他說沒殺。武皇追問怎麼沒殺，他說人家沒罪怎麼要殺。武皇說你連畫幅都帶回來了，怎麼說沒罪。裴懷古便一五一十向武皇陳述他的道理，武皇也就相信他了。

裴懷古當官當得很辛苦，平時既要監察百官，又要受理案件，國家遇到外交上的大事也要他出面處理。有一次陪同淮陽王武延秀前往突厥和親，因突厥首領反目，險些回不了中原。他寧死不降的氣節打動了武皇，向他授官祠部員外郎。裴懷古官做到相州刺史、并州大都督府長史後，當地百姓十分擁戴他，扶老攜幼，夾道歡迎，這是因為他當官，總是把老百姓視為父母，為別的官員樹立了好的榜樣。

第六節　顛沛流離，大難不死的裴伷先

中國歷史上唯一的女皇帝武則天，既創造了盛唐的輝煌，也因太有個性，做了許多常人難以接受的事情。生活在武則天時代的裴氏族人，有風光得意的，也有屢遭劫難的，其中裴伷先就是屢遭劫難的。裴伷先就是聞喜裴柏村人，唐代宰相裴炎的姪子。還不到十八歲就因為成績亮眼，擔任太僕丞。不久，當裴炎被斬後，他連坐發配到嶺南。又過了許多年，武則天退位，太子李顯重新當上皇帝，平反了裴炎、裴伷先冤案。以後的裴伷先官位一路走高，最後在工部尚書兼東都留守的位子上壽終正寢，享年八十六歲。

挺身而出討公道

武則天統治時期，總是做一些超出常理的事情，比方高宗駕崩，中宗繼位，她敢冒天下之大不韙，廢黜了中宗；然後公然自任皇帝，改唐朝為周朝。持不同政見的官吏，多數人被殺頭。裴伷先的叔父、因定策之功而封為河東縣侯的中書令裴炎，出於公心，苦苦規諫武則天還政於睿宗，女皇大怒，下令把裴炎斬殺在洛陽都亭。斬了裴炎，就有散落在朝堂內外的耳目告訴武皇上，有人到處宣傳裴炎無罪。武則天覺得不可思議，還真有不怕死的，就想見識一下這個散布流言的究竟是何許人也。很快，手下人就抓到了散布流言的人，居然是裴炎的姪子，名叫裴伷先，官位是太僕寺丞。

裴伷先十七歲就做了太僕寺丞，毫無疑問地是個絕頂聰明的人。但再聰明，也免不了衝動行事，做一些一般人都很難做出來的傻事，竟然要跟不可一世的女皇對抗，他要為自己的伯父裴炎的慘死鳴冤叫屈。他邁上大明宮的漢白玉臺階的時候，心裡唱著一首古歌：風蕭蕭兮江水寒，壯士一去兮不復還……他把自己想像成慷慨赴死的荊軻了。

武則天是在宣政殿召見裴伷先的，一個是中國歷史上唯一正統的女皇帝，一個是初生之犢不畏虎的裴伷先，兩個人在宣政殿內進行了一場別開生面的對話，以至於一個名叫牛肅的唐代小說家，盡可能地還原了他們之間的對話。

武則天先聲奪人質問裴伷先：「你伯父謀反，觸犯了國家的法律，你是他姪子，我沒有連坐你就算待你不錯了，你還要替你伯父申冤對抗朝廷嗎？」

裴伷先心平氣和地說：「我是一心為陛下著想，哪敢訴說冤屈？陛下是先帝的皇后，李家的媳婦。先帝下世，陛下執掌朝政，這不是婦道人家該做的事啊。」

接下去，裴伷先的話鋒愈加變得尖銳起來，像刀槍，像匕首，直戳武則天的心窩，他說妳這個有悖人倫的婦人啊，先帝屍骨未寒，妳就敢自稱皇帝，妳這麼做，會讓海內憤惋，蒼生失望。我的伯父裴炎是李唐社稷的大忠臣，妳卻容不下他，殺了他也罷了，妳還要斬草除根，陛下妳把心機都用在對付良臣上了，我都不知該怎麼說好了，我希望陛下能夠光復李唐社稷，迎太子登基。如能夠採納我的意見，亡羊補牢，為時未晚。後面那句話，裴伷先接連說了三次，已經有了勒令的味道。

那天的天氣很好，宣政殿外秋陽高熾，武則天本來心情也像天氣一樣秋高氣爽，可惜裴伷先的出言不遜把她徹底激怒了，揮了揮手，立刻有武士撲上來，擒住裴伷先。武則天下令杖刑一百，然後發落瀼州。裴伷先是自己把褲子脫下來讓金瓜武士杖擊屁股的，沒揍幾下，屁股就爛了。再揍幾下，人也暈過去了。揍到九十八下時，裴伷先又悠悠醒了過來。

兩次流放，大難不死

瀼州是今天的廣西上思一帶。從秦嶺北麓的長安到嶺南的瀼州，翻山涉水，路途迢迢，怎麼想都是一趟折磨人的旅行，何況體無完膚的裴伷先。負責押解裴伷先的差役這一路隨行也挺辛苦，他們不停地用鐵尺驅趕驢車上的綠頭蒼蠅，裴伷先身上的肉爛了，膿水順著車廂板滴答在路上，差役捣著鼻子說，太臭了。

人們說大難不死必有後福，裴伷先沒有死，一直堅持到了瀼州。在瀼州的日子裡，裴伷先養好了傷，還娶了妻，妻子叫盧氏，也是流人的後代。他們還生了個男孩，取名叫裴願。幾年後，盧氏病死了，裴伷先睹物思人，沒法在瀼州繼續生活，就帶著兒子偷偷潛回長安。依唐律規定，流刑欽犯需在配所設籍，終身不得返鄉。裴伷先又一次觸犯了王法，也又一次被笞杖一百，流放去了新疆北庭。

新疆天山北麓有個吉木薩爾縣，距離縣城十二公里處，有一個遺址，這就是當年裴伷先被流放的北庭都護府。一千三百年前，傷痕累累的裴伷先出現在這塊蒼涼的土地上。也算是吉人天相，傷痕累累的裴伷先迎來了愛情的春天。北庭都護府城外駐紮著一支突厥族部落，部落首領可汗替女兒相中了裴伷先，嫁妝豐盛，黃金馬牛羊，部落能拿出什麼，幾乎在嫁妝裡都能找得到，數目也相當可觀。

裴伷先天生有陶朱之才，他利用替官營馬場養馬的機會，成為了一名相馬師。後來又組建起一個大大的商團，轟轟烈烈做起了邊境貿易事業。五年間，資財已達數千萬。有了錢就可以豢養家丁食客，投靠裴伷先的門客難以計數。從京城到北庭，所經之處，大都有他安插的眼線，朝廷有什麼風吹草動，用不了幾天，就被他打聽到了。

當時有個擔任七品補缺小官的李秦授，也想往上爬，就出了餿主意給武則天，說陛下自登極以來，誅殺過不少李氏大臣，他們的家人親族大都流放在邊遠地區，如果這些人圖謀不軌，聚眾造反，將會危及江山社稷。近來民間流傳著一句讖語是「代武者劉」，劉非劉，而是流也，那些流放之徒是國家的隱患。

武則天茅塞頓開，說李秦授是老天爺授予她的心腹知己。武則天是個雷厲風行的女人，她迅速派出十個敕使，分十路奔赴邊塞去安慰流放人員，說是安慰，其實就是捕殺。裴伷先的眼線很快就把京城的消息傳遞過來，裴伷先帶著老婆孩子、八十匹馱著金銀財帛的牲口，還有賓客家僮林林總總三百多人，浩浩蕩蕩地開始出逃。想不到造化弄人，裴伷先的馬隊迷路了，跑來跑去最後被北庭都護府的官兵活捉了。

天下世事總是令人難以捉摸。裴伷先並沒有被使者殺害，原因是都護府忘記把他的名字上報給使者了。後來，武則天為了搪塞天下，藉口使者誤解了她的本意，又下旨斬殺了十路使者，那個出餿主意的李秦授也被處以流刑，發配到嶺南的窮山惡水去了。裴伷先躲過一劫，留下性命，終於等到了武則天退位，李顯重新當上李唐皇帝的那一天，冤案獲得平反，回到長安重新當官。

第七節　亂世良臣裴諝

前面我們有一節講了唐代聞喜裴氏族人中以廉明清正、剛直不阿、執法如山而名垂青史的裴寬。裴寬多個子女中最出名且繼承了他品德的，是長子裴諝。裴諝，字士明，從小勤奮好學，成年後考中官位，起初任河南參軍事，累遷至京兆倉曹參軍，由於虢王李巨的表薦，又調為襄、鄧營田判官等職。裴諝一生為人清明豁達，舉止瀟灑。《新唐書》和《舊唐書》都有〈裴諝傳〉。相傳，唐代宗廣德元年，吐蕃入寇，兵臨長安。當時代宗皇帝避難到了陝州（河南陝縣），滿朝文武四處藏匿，六軍逃散，唯有裴諝帶上印鑑徒步奔赴皇帝行營護駕。唐代宗感嘆說：「疾風知勁草，裴諝果然大堪信任。」動亂後，皇上提升他為河東鹽鐵使，以後又讓他改任左司郎中，並多次徵詢他關於政事的意見。由於元載的忌恨，裴諝外調虔州（江西贛縣）刺史，歷饒（江西鄱陽）、廬（安徽合肥）、亳（安徽亳縣）三州刺史。晚年的裴諝，官做到太子賓客、兵部侍郎、河南尹等職，七十五歲去世。

「安史之亂」渡難關

裴諝小時候很喜歡父親裴寬紫色官服上佩戴的金魚袋，父親不讓他摸，嚴肅地說：「皇上誇我是『德比岱雲布，心如晉水清』，你想要金魚袋，長大以後就做一個比爹更清廉的好官，皇上自然會賜予你金魚袋的。」裴諝記住了父親的話。

天寶十四年臘月，裴諝在洛陽家中替父親守孝。忽然有一天，家人急急忙忙地從門外跑回，說：「不好了，安祿山打到東都了，城裡人都往城外逃呢。」裴諝心頭一驚，他知道這個安祿山，父親裴寬就是被安祿山從范陽節度使位子上逼退的。不等裴諝說什麼，裴府上下已經亂作一團，裴諝直搖頭說：「安祿山鼠目寸光，背信棄義，別看他來勢洶洶，終究成不了氣候！」

不管裴諝怎麼搖頭，安寇將至，不躲不行。裴家是東都城內首屈一指的大戶，裴寬弟兄八個，都是朝廷命官，他們建在洛陽的宅院幾乎占滿一條街，曲徑通幽，房舍連雲。每至吃飯時間，需要擊鼓通知，過的是那種宅第遍布、鐘鳴鼎食的富貴日子，一旦舉家外逃，其規模不可小覷，這是最令裴諝頭痛的。

此時，洛陽郊外，許多從黃河邊退下來的官兵慌不擇路地向西向南逃去，他們狼狽的樣子讓裴諝不能不為大唐的命運憂心忡忡。家裡人問他朝哪個方向逃，他指了指西邊，他想安祿山氣勢再凶，也未必能夠攻陷京城。

天上的太陽耀眼刺目，逃難的人群踐踏起的塵土漸漸把太陽都遮蔽了。沒等他們走過潼關，有消息傳來，京城失陷了，他們只好轉向西南方向的秦嶺，直至進入了素有「八山一水一分田」的商洛山區，才暫停腳步。山高皇帝遠，一些消息過了很長時間才傳進山裡，比如前幾天聽說安祿山稱帝了，國號燕國，沒過幾天，又聽人說安祿山死了，是被一個小太監用刀捅死的，又過了一段時日，說郭子儀要收復長安了……

事實上，裴諝在天寶十四年到至德二年間，只能耳聞安史之亂對大唐王朝的毀滅性摧殘。這一年十月，隨著廣平郡王李俶所率的唐朝大軍逐步收復失地，裴諝在作別故鄉兩年後，回到洛陽的老宅。以往膏粱錦繡的富貴之家，如今只剩下空蕩蕩的一些宅院了。每到吃飯時間，再沒有擊鼓的煩瑣流程，餐桌上的飯菜雖不至於朝齏暮鹽，也簡單多了。對家道的中落，裴諝不感到惋惜，而對戰後的中原，他尤感痛惜。

又過了兩年，也就是唐肅宗乾元二年，降將史思明故伎重施，自立為王，國號大燕，自稱應天皇帝。九月間，叛軍進占洛陽，史思明派人從山中「請」回裴諝。一見面，素昧平生的史思明伸出雙臂迎接裴諝，說：「裴郎君，終於把你找回來了，大燕王朝百廢待興，需要像郎君這樣的人才啊！」

裴諝覺得史思明稱他為郎君太肉麻，便問，你我互不相識，何以稱我為郎君？史思明拍著裴諝的肩膀說，郎君有所不知，當年令尊大人在范陽當官，朕是他的下屬，他待朕不錯，朕是個懂得感恩的人，只要你肯替朕出力，想要什麼官，朕就封你什麼官。裴諝不言，他不願做史思明的偽官。但史思明自認為是天子，天子無戲言，裴諝是不能拒絕的。於是，裴諝就成了大燕國的御史中丞。但他這個御史中丞很少過問御史中丞的事務，而是樂於從屠刀下解救那些將要被誅殺的李唐宗親。為此，險些讓史思明「大義滅親」。

心繫老百姓

安史之亂平息後，裴諝被唐代宗授予太子中允，數年後，又任命他回老家當河東租庸鹽鐵使。據《資治通鑑》記載，唐代宗廣德二年，關中蟲蝗、霖雨，米斗千餘錢；次年，是春不雨，米斗千錢。但是，那個時代，民間疾苦很少能傳達到皇宮。

有一天，唐代宗召見回京城辦事的裴諝，問裴諝：「今年朝廷徵收的酒稅有多少？」

裴諝十分訝異，他覺得皇帝所言太離譜了，自古民為貴，社稷次之，君為輕，而當今皇帝不問民之疾苦，卻開口便問國家盈利多少。

唐代宗見裴諝沒有回答他，又追問了一句。

裴諝就說：「臣從河東而來，走了三百里路，見到的鄉野一片荒蕪，現在都立夏了，莊稼還沒有下種，百姓秋天又該吃什麼呀。我以為陛下看到臣，第一句必定要問災民情況。」

唐代宗不禁啞然，繼而滿含愧疚地說：「裴卿說得對，若不是你，我真的聽不到民間的聲音。」因為這個原因，裴諝升任左司郎中。

接著發生的一件事讓朝中大臣莫不對裴諝另眼相看。建中元年十月，唐代宗的喪事接近尾聲，但依據慣例，全國百姓不得舉辦任何喜慶活動。裴諝卻向剛剛繼位的唐德宗舉報了功高蓋世、權力極大的汾陽王郭子儀，說老郭家的下人在家裡私自宰羊。

雖然德宗沒有把這件事放在心上，但在當時的朝臣中卻引起不小轟動，許多人都說裴諝小題大做，更不需因一件小事得罪汾陽王。裴諝不這麼認為，他說汾陽王郭子儀位高權重，有人會說他黨羽眾多會危及皇上的江山，我揭發他，說明朝堂之上並非都是他的人，對上我盡了為臣之道，對下則呵護了忠臣的安全。

裴諝歲終七十五歲。臨終前，兒子問他，有什麼事情需要交代的?裴諝想了想說，當初你爺爺讓我做個清官，說皇上會賜予我金魚袋的，但是皇上沒有給我金魚袋，說明我還做得不夠好，你要替我努力！

第八節　英年早逝的才子唐朝裴濟

距離聞喜縣裴柏村不遠，有個叫鳳凰垣的地方，這裡墓塚纍纍，埋葬著三百九十七位裴氏先人，其中有兩位先祖的名字都叫裴濟，一個在唐朝，一個在北宋，儘管時代不同，他們留給後人的，卻是流淌於家族血脈中的秉持正義與剛直不阿。唐朝裴濟，字莊，官至河南少尹，四十歲即辭世。

年輕失父母早當家

唐玄宗在位時，有兩個重要的關鍵時間點，一是開元，二是天寶。開元盛世是唐玄宗勵精圖治的鼎盛時期，所以名垂青史；天寶後期是唐王朝走向沒落的開端，悲壯而淒涼。就在淒涼的北風呼嘯掠過京城長安近似虛假的市井繁華時，優雅的太學裡，來了一位名叫裴濟的少年。這個裴濟比前面說到的那個裴濟早一個朝代。

在唐朝，太學是屬於五品以上官員子弟的學習場所。可見，裴濟的家境在他年少時並不差。太學的課程無非是儒學經典，還有律學、書學、算學等，從這裡走出去的生員，日後極有可能成為朝廷棟梁；而能夠進入太學的，又多是出類拔萃的菁英。教授過裴濟的幾個老師，到老仍記得少年裴濟是多麼的傑出，他寫的一篇文章，堪稱前無古人後無來者，語法精練簡約，勁健新奇；題旨遠奧高古，道盡人間真諦；無論遣詞造句，還是命意構思，莫不雲霞雕色，盡善盡美，被當時的國子祭酒稱為「如春林瓊枝，草木賁華」。

裴濟的少年時代很快就結束了，他的父親和母親，就像約好了一樣，在他二十歲的時候相繼離開人世。高堂仙逝，留給裴濟的除了家裡的冷鍋冷灶，再就是三個年幼的弟弟——裴澄、裴潤、裴涇。那時的裴澄、裴涇還沒有顯露出刺史之才，那時的裴潤也沒有彰顯出司直之能，他們都還是孩子，都還沒有深刻意識到大哥裴濟的辛苦，他們只知道，大哥除了自己不停地攻讀詩書，還要替他們兄弟三個做飯洗衣，還要兼顧他們的學業，還要為柴米油鹽煩惱。

「漠漠復溶溶，乘春任所從。映林初展葉，觸石未成峰。」在《全唐詩》裡，有一首題為〈春雲〉的詩，是多年以後，已經由國子司業升為蘇州刺史的裴澄寫的。表面上看來，裴澄是借春日閒雲抒懷初到蘇州的感悟，但他內心深處，想的卻是英年早逝的大哥裴濟。

大哥裴濟娶的妻子是太子賓客、隴西李翼的長女。大嫂出身名門，對他們兄弟三個也情同手足。在大嫂過門之後，他們身上的衣服就是大嫂一針一線縫出來的。

衷心為主

在唐朝，來瑱是個有爭議的人。他在平息安史之亂中戰功卓著，安祿山部下一提到來瑱，就渾身發顫。來瑱在潁川城牆上射箭，只要在他射程內，叛軍士兵無不應弦而倒，他們稱來瑱為「來嚼鐵」。唐肅宗和唐代宗都害怕來瑱居功自傲，架空朝廷，於是，都想方設法要除掉他，肅宗沒有達到目的，而最終，來瑱也未能逃脫代宗皇帝下詔賜死。

還在來瑱做襄州刺史時，他很看重裴濟，表奏裴濟為襄州參軍事，後任功曹掾。曾有個下級官員來府衙告狀，說地方上有個無賴把他的官印奪走了。裴濟覺得好笑，你身為朝廷的官員，官印竟然被人搶走了，你這麼窩囊還怎麼替百姓主持公道？想歸想，他還是派人把那個無賴捉來了。無賴家裡有錢，親戚又在朝廷當官，比來瑱的官銜還要大，在襄州沒有人敢惹這個無賴，見了裴濟也不下跪。裴濟卻不吃他那套，該打板子就打板子，該羈押就羈押，用不了幾天，無賴服軟了。來瑱聽說這件事後，直誇自己慧眼識珠。

等到來瑱事發後，曾受他恩惠過的門吏、朋友，接連溜之大吉，連他的屍體都無人敢收。後來是裴濟和一個叫殷亮的人，替來瑱收屍並厚葬的。這件事可以看出裴濟的忠心，他的為人得到宰相李勉的賞識，後來他成為中軍中憲，就是李勉提拔的。

裴濟到河南任少尹時候，有個二千石的官吏貪贓枉法，怙惡不悛，幾乎成了當地一霸，受這個貪官欺負的老百姓都不敢來府衙告他，知道告不贏。裴濟多次向上級呈報，要求罷黜那人的官銜。官官相護的體制，沒能讓裴濟如願，他乾脆辭官不做，回家種田去了。

裴濟僅活了四十歲。他乾乾淨淨來到世上，清清白白離開這個世界。

第九節　一片憂傷到天涯的詩人裴夷直

唐朝是古代詩歌發展的頂峰，無數的天才般的詩人橫空出世，璀璨了大唐帝國的星空。人們在詩情畫意裡或為五斗米折腰，或為坎坷命運吶喊，或在異鄉的土地上遙望故鄉的月虧月圓。聞喜裴氏族人中有位叫裴夷直的，就是中晚唐著名的詩人。

耿直的詩人官員

裴夷直，字禮卿，河東聞喜裴氏族人，生於貞元三年卒於大中十三年，享年七十三歲，擢進士第。唐文宗時，歷任右拾遺、吏部員外郎，遷中書舍人。唐武宗即位後，裴夷直出使杭州，做驩州司戶參軍。到了唐宣宗初，出任江州、華州等地刺史，最後的官職是散騎常侍。《全唐詩》收錄裴夷直詩一卷，最有影響的一首是〈獻歲書情〉：「白髮添雙鬢，空宮又一年。音書鴻不到，夢寐兔空懸。地遠星辰側，天高雨露偏。聖期知有感，雲海漫相連。」

從上面的介紹中能夠看出，裴夷直是個詩人，正如許多唐代詩人一樣，他還是個當官的詩人。一邊當官，一邊寫詩，多麼浪漫的一件事，但在裴夷直看來，一點都不浪漫，甚至還有說不清道不明的憂傷和悵惘，官場把他滿腹經綸的才情厚厚地包裹起來。

有一年，朝廷下旨，凡國家的有功之臣，均可享受一子賜授五品的恩惠。政策一出，朝野為之轟動，不管有功或無功的官員，都想分得一杯羹，鑽漏洞者不計其數。太子太保張茂昭因平定王承宗叛亂有功，也在賜官之列，他的幾個兒子，不是已官過五品，就是年齡太小，但他又不想讓這個名額空缺，想來想去，就想到了自己的外甥。他原以為這樣的訴求不會引來別人的非議，想不到，時任吏部員外郎的裴夷直向皇上唐文宗諫言：國之政策不容有半點更改，張茂昭投機取巧，以外族遠親冒名頂替，有違朝廷律法，理當禁止。

皇上認為裴夷直說得有道理，就把他的意見納入到律令中了。好在張茂昭是個豁達之人，並沒有與裴夷直計較。如此一來，反倒讓裴夷直覺得對不住張茂昭。

唐朝的宮廷，總是隱藏著重重殺機和風險。唐文宗做了十四年傀儡皇帝，臨死都不能把皇位傳承給他所冊封的太子。唐武宗李炎不是唐文宗的兒子，而是他的弟弟。

武宗取代太子登基，完全仰仗了宦官的勢力，也就顯得名不正言不順了。新帝登基，需要尚書、中書和門下三省官員聯合署名，時任中書舍人的裴夷直看了看宦官手裡捧著的傳位冊牒，狠狠地冷笑兩聲，他沒有在上面簽字，他覺得這個新皇帝來路不正。有因必有果，等到唐武宗即位後，就很自然地把裴夷直下放到杭州當刺史去了。「江南列郡，餘杭為大」，杭州刺史畢竟是個美差，這樣的安排仍不合武宗心意，第二年，索性把這個討人厭的裴夷直打發去了遙遠的驩州。驩州也叫歡州，在今天的越南北部。

被發配到南國的憂鬱生活

「久喜房廊接，今成道路賒。明朝回首處，此地是天涯。」裴夷直就是這麼一步一步走向天涯盡處的驩州，他憂國憂民的心境，也在漸漸變冷；他寫詩的筆尖就變得苦澀、迷茫了。

在驩州做司戶參軍的裴夷直，整天鬱鬱寡歡。早晨洗臉的時候，他總要對著注滿清水的銅臉盆發呆，不知不覺，兩鬢已染白霜，不要說遠在老家的父母親了，即便是京城的消息，也不是那麼容易聽到的。裴夷直在驩州度過五年時光。他走遍了驩州每一個瘴氣叢生的地方，特別流連那座鎖在雲霧中的崇山。他試圖尋訪當年被堯帝放逐到崇山來的「四罪」之一的驩兜，他認為，驩兜一定會留下什麼可憑瞻仰的蛛絲馬跡，但裴夷直什麼都沒有找到，他找到的只是一年又一年，一代又一代，不斷往這裡放逐的戴罪之人的嘆息與絕望。

「地盡炎荒瘴海頭，聖朝今又放驩兜。交州已在南天外，更過交州四五州。」只要想起驩兜，裴夷直胸中積鬱的憤懣就會減輕不少。他記得在京城擔任右拾遺時，被貶官任桂州觀察使的劉棲楚，要去藍田縣訪友，裴夷直一向與劉棲楚交好，決定陪朋友走一趟。這一趟走下來，卻惹來了麻煩。從長安去藍田八十里路，差不多四個多時辰，一來一回就必須趕夜路。裴夷直把劉棲楚送到藍田的館驛，天色不早了，劉棲楚要留他過夜，他也就應允了。第二天返回京城，一封舉報信先裴夷直一步，已經送達監察御史，說他違反官例，未經許可，私自在藍田館驛留宿一夜。處理結果是罰沒一月俸祿。裴夷直又好氣又好笑，當個官，連在館驛住一夜都不允許。

某一天黎明時分，秋風乍起，裴夷直臨窗望著一鉤殘月，忽然想起故鄉，想起將來的歸宿，不禁病入愁腸，於是賦詩一首：「索索涼風滿枝頭，破窗殘月五更秋。病身歸處吳江上，一寸心中萬里愁。」

就是在驩州，裴夷直把滿腹委屈化作滿紙躍動的詩行，卻不願在筆尖下，流露出哪怕一點點對朝廷昏聵的失望和抱怨，這也是他的人生悲劇。「天海相連無盡處，夢魂來往尚應難。誰言南海無霜雪，試向愁人兩鬢看。」裴夷直把對家國的憂患，就這樣絲絲入扣地融入紙張裡，融入自己未老先衰的容貌裡，那種隱藏於內心的刻骨的痛，沒有人能夠理解，也無人可以替代。

五年後，武宗駕崩，宣宗繼位，裴夷直才奉詔回京，結束了在南國驩州五年的流放日子，但耿直的性格並沒有改變。

第十節　命運多舛的裴說

晚唐時期傳奇詩人裴說，也是聞喜裴氏族人，出生在桂州（今廣西桂林）。自幼勤奮攻讀，至京城多年，每年均以歷年所作五言詩十九首投於各顯要門下，以求賞識。直到唐哀帝天祐三年丙寅科狀元及第，與曹松、王貞白、詩僧貫休、處默為友。天祐四年，天下大亂，裴說見升遷無望，便攜家眷南下。唐朝滅亡，他在後梁為官，屢次遷升補任，最終做到禮部員外郎。因戰火波及，裴說再向家鄉逃難，不久，在旅途中死去。

裴說與弟裴諧皆有詩名，詩風近賈島，苦吟有奇詩。《全唐詩》有存詩數首。裴說為詩講究苦吟煉意，追求新奇，又工書法，以行草知名。

離亂中成長

今江西南昌有座逍遙山，是個風水寶地，道家稱這裡是第四十福地，說是當年許真君修道成仙的地方。到了唐僖宗與唐昭宗年間，這裡從天南地北湧來許多逃難的百姓，他們操著各式各樣的方言，攜家帶眷，在山谷裡尋找能夠棲身的旮旯山洞，過了一段時間大家才安靜下來，該讀書的讀書，該種田的種田，該做生意的做生意。這些人中間，有年屆花甲的詩僧貫休，有六十歲依然是個應試秀才的曹松，還有寫出「讀書不覺已春深，一寸光陰一寸金」的才子王貞白，另外還有個年僅七歲、跟著父母從桂州避亂而來的小孩裴說，竟然寫出「避亂一身多」這樣厚實滄桑的佳句。貫休說：「這孩子可惜了，早二百年出生，就是第二個王子安，生不逢時啊！」

貫休成了裴說的老師。貫休的記憶力極強，據說他日讀經書千字，過目不忘，還畫得一手好畫。裴說在貫休那裡學到很多東西，特別是做人的道理。

裴說畢竟是個孩子，孩子就有無窮無盡的想像力，除了讀書寫字，他一次次流連在「洪崖先生」煉丹的「丹井」旁，想像著仙風道骨的「洪崖先生」是怎樣跨著毛驢，從楓樹尖上騰雲而去的。

遇伯樂狀元及第

裴說在離亂中一天天長大，後來走出了逍遙山。他從江南走到江北，從江北走到東都，又從東都走到長安。他行走的過程中，國家發生了許多變故，有時皇帝被人從長安趕跑了，有時又被人從外地拖回來，皇帝過的日子沒有比裴說好多少，即使這麼身不由己，唐昭宗或是唐哀宗，都沒有忘記科舉考試。每隔三年的春暖花開季節，禮部都要舉行春闈選士。舉子們有金榜題名的，也有名落孫山的，在孫山之後，年年都有一個落榜的書生裴說。別人落榜是因為疏庸愚鈍，是因為才思枯竭，是因為受不了懸梁刺股的十年寒窗苦讀，拿不出一篇像樣的詩賦；唯有這個裴說讓人啞然失笑，他投考的詩賦總是固定的十九首五言詩，標題都懶得換，連新瓶裝舊酒都算不上。場場如此，主考都看膩了，說這個裴說八成是死腦筋，不是腦子進水了，就是腦袋被驢踢了，他除了這十九首，寫不出一首新作？

裴說的五言詩十九首慢慢變成春闈場外人人提及的笑話。有與裴說一起參加幾次考試的舉子就勸他，多寫幾首新詩應該不是什麼難事，你哪怕換個題目也行，總不能老拿舊作敷衍主考大人吧？

裴說一邊擺手一邊搖頭：「你有所不知啊，這十九首是我辛辛苦苦寫出來的，可謂一字一珠，卻沒有人能夠賞識它，我何苦再用新詩取悅主考呢？舉世皆濁我獨清，眾人皆醉我獨醒，有志無時，命也奈何？」

有一次住旅店，裴說沒有銀子，要欠著以後一次給，卻被店家趕了出來。店家說：「你這人真不厚道，上一次的錢還沒給呢，這次又來白住，你這個德行，下一次科考也中不了。」

天祐三年，恰逢薛廷珪出任尚書左丞那一年，擔任主考，丙寅科春闈，他看過裴說的試卷後只說了一個字，好。然後就用硃筆在試卷背面左下角畫了六個圈。等到殿試傳臚，裴說一舉拔得頭籌，為殿試第一甲第一名，也就是狀元。接著是十字披紅雙插花，誇官三日，按當時的說法叫「大魁天下」。那個把裴說趕出客棧的店家不知聽誰說裴說中狀元了，不光不要銀子了，還在自家客棧的門楣上掛了一塊書有「進士第」的匾，逢人就說，裴狀元是住了他的客棧才獨占鰲頭的。以後，每到春闈，舉子們都慕名前來投宿，生意好得不得了。

從那一年的那一天開始，裴說的詩稿一下成了秀才們的「搶手貨」，大家爭相傳抄他的十九首五言詩，一時洛陽紙貴。在灞陵橋頭，在曲江池邊，在朱雀街口，在慈恩寺裡，到處有人議論裴說的詩和裴說這個人。有人說：「裴狀元寫詩，非奇思妙構而不展紙，非意表琢煉而不舉筆，真有郊寒島瘦之風範啊！」

裴說在狀元府的書案上走筆如游龍，寫下一首詩：「數朵欲傾城，安同桃李榮。未嘗貧處見，不似地中生。此物疑無價，當春獨有名。遊蜂與蝴蝶，來往自多情。」他覺得這些人真好笑，落魄時，說三道四，得意時，巴結逢迎，這就是世道人心。

不做偽官

裴說是個命苦之人，剛剛授命禮部員外郎，官位還沒有坐熱，相國朱全忠就取代唐哀帝，在金祥殿稱帝了，稱為後梁國。裴說心裡很不舒服，自古尊臣不事二主，他把得之不易的官服穿上又脫下，脫下又穿上，總覺得自己不是個真正的官，是個偽官。

在一個雪後的清晨，裴說忽然想起老師貫休，他一邊想一邊低吟：「憶昔與吾師，山中靜論時。總無方是法，難得始為詩。凍犬眠乾葉，飢禽啄病梨。他年白蓮社，猶許重相期。」

沒多久，後梁新皇登殿，有禮部尚書呈奏，禮部員外郎裴說舉家外遷，不辭而別。原來裴說實在不願意做偽官，悄無聲息地帶著家人離開長安了。

第十一節　精忠之節傳千古的裴約

河東聞喜裴氏族人中，高官大將比比皆是，但是，有一位叫裴約的大將，生活在五代十國時期，為了守城，年僅三十六歲就捐軀了，成為裴氏族人中被傳頌的英雄之一。史書記載，裴約，字元儉，晚唐時宰相裴彥先之子，性格剛烈，曾當過丹陽太守。五代時期為後唐大將，為莊宗李存勗困守澤州城，被後梁軍破城而殺害。

無力安葬主帥

現在的河北正定縣在一千一百年前的五代後唐，稱為鎮州，是後唐的北都。在它還沒有成為北都之前，曾是梁朝成德軍節度使的領地。節度使叫張文禮，膽子特別小，當他聽說後唐莊宗李存勗的大軍逼近鎮州時，竟被嚇死了。他的兒子張處瑾不像他那樣懦弱，打開城門，殺將出去，把勞師襲遠的後唐軍隊打得落荒而逃。沒幾天，李存勗又派來一支軍隊討伐，帶兵的叫李嗣昭，是昭義軍節度使，裴約作為偏將隨軍作戰。李嗣昭生就是個帥才，一生中打過數不清的仗，敗少勝多。這一次，李嗣昭同樣是輕而易舉地攻入了鎮州城。在良將面前，張處瑾的部下不堪一擊，僅剩下五個人躲在一堵破牆後面負隅頑抗。李嗣昭勒住戰馬的轡繩，正打算讓弓箭手把藏在牆後的敵人清理乾淨，忽然額頭一震，一支利箭穿透他的頭盔，頭部受傷滿臉是血。不遠處的裴約看見主帥被流箭所傷，立刻大叫起來，還沒等他跳下馬去接，卻見李嗣昭把額頭上的那支箭又拔了出來，搭在弓弦上，一箭射出去，然後才啊呀一聲栽下馬。

李嗣昭死了，是戰死的。當裴約守護著李嗣昭的靈柩翻過太行山時，莊宗李存勗的詔書也到了，李存勗要李嗣昭的幾個兒子一起扶喪去後唐都城太原。裴約就命人去潞州把李嗣昭的幾個兒子請來。李嗣昭有六個兒子，老大李繼儔老實厚道，遇到事情沒什麼主見，老二李繼韜生來就是個無賴，他把詔書一撕兩半，對著他帶來的幾千名牙兵惡狠狠地說：「我爹為他李存勗東征西討，最後把老命都丟了，他李存勗不親自來弔孝，憑什麼還要指手畫腳？回潞州！」

裴約認為不妥，皇上的旨意怎麼能隨便違抗呢？何況李存勗一定有好的計畫，可能是回到太原，舉國為李嗣昭治喪也未嘗不可。但李繼韜不聽他的規勸，硬是把李嗣昭的屍體運回到老家潞州，裴約只能跟著。

李嗣昭的屍體運回潞州後並沒有馬上下葬。裴約想找李繼儔商量發喪的事情，有人卻悄悄告訴他，老大被老二關起來了。裴約一聽就急了，這是在演哪一齣，又不是太子爭位，相煎何太急。他去找李繼韜理論，針對兩件事，一是為什麼要兄弟反目成仇？二是為什麼不讓李嗣昭入土為安？見了穿著孝服的李繼韜，還沒等裴約開口，李繼韜就搶先堵上了他的嘴：「我們老李家的事用不著你插手，我爹在世時，待你也不薄，你好好做事，我也不會虧待你。至於我爹的喪事，先別急，老人家死得冤枉，我得替他報仇啊！」報仇？找誰報仇？找死掉的張文禮還是張處瑾？裴約想著想著，忽然不寒而慄。

時隔不久，莊宗李存勗下旨封李繼韜為安義軍兵馬留後。裴約發現，李繼韜對這個官銜表現得極其冷淡，就像他從口袋裡摸出來，又為自己戴上一樣，感覺全無。裴約忽然有種不祥的預感，他開始警惕李嗣昭的這幾個兒子了。

但李繼韜沒有讓裴約在潞州多待幾天，很快就打發他去澤州擔任牙將了。

英勇抗敵捐軀

牙將又稱牙門將，其實就是澤州的城防長官，手下有五千多人，上面還有牙軍主帥，主帥上面就是安義軍兵馬留後李繼韜。

幾天來，裴約心事重重，他叮囑駐守城樓的官兵，密切注意洛陽方向的動靜。已經有人向他透露，李繼韜想要投靠梁朝，曾多次派幕客魏琢和牙將申蒙祕密渡河南下。消息來得很突兀，裴約心裡七上八下，李嗣昭的兒子怎麼這麼不讓人放心呢？站在城樓上，裴約越過起起伏伏的平川和山梁，眺望著潞州方向的天空，那裡烏雲一片。

令裴約擔心的事情到底還是發生了。李繼韜有個弟弟叫李繼遠，年少輕狂，帶了百十來個騎兵投奔梁朝了。梁朝很快就投桃報李，派大將董璋來接應李繼韜，梁軍的帳篷就設於澤州城南。

七月酷暑，裴約站在燥熱異常的城牆上，面對著城牆下的官兵和百姓痛哭流涕地說：「我跟隨昭義軍節度使已經多年了，在猗氏大敗王珙，在澤州大敗丁會，在太原逼退梁軍，在望都救莊宗突圍於契丹，哪一次不是出生入死？節度使還經常犒賞士兵，無非是想報梁朝滅唐之仇，可是老英雄屍骨未寒，他的兒子就當了叛徒，我寧可死在這裡，也不會讓他的陰謀得逞。」

董璋的大軍把烈日下的澤州圍得水洩不通。城外的箭矢雨點般射向城頭，守城的士兵倒下一大片，城裡的百姓也前赴後繼地衝上城牆。他們看到牙將裴約命令打開城門，帶著一隊牙軍策馬揚刀衝向敵營，奮力拚殺。裴約的肚子被對方的長矛挑開一道血口，連白白紅紅的腸子都掉出來了，裴約把腸子往肚裡一塞，從戰袍上撕下一塊布簡單包紮了一下傷口，又殺向敵人……

消息傳到太原，莊宗李存勗一面派遣北平王李紹斌火速增援澤州，一面對大臣們說：「我沒有虧待過李繼韜，也沒有厚待過裴約，可是他們怎麼就這麼不一樣呢？我不能因為一個小小的澤州，損失一位忠臣啊！」

李紹斌的五千輕騎是八月壬申日晚上出發的，路上馬不停蹄走了三天四夜，到了第四天早晨，已經能夠望見澤州的城樓了，路邊莊稼地裡有個鋤草的老農對下馬喝水的一個官兵說：「你們是去救裴牙將的吧？晚了，人早死了，梁軍把滿城百姓都快殺光了。」

一百八十多年後的宋朝，有個叫王孝迪的禮部尚書，奏請宋徽宗在澤州為前朝的裴約建廟，取名叫旌忠祠，並追封裴約為忠烈侯。當時的牒文裡這樣寫道：「唯爾生於五季，仕專一心，崛然擾攘之間，奮以精忠之節。視彥章而克壯，配仁贍而用光。有司遺文，久稽典祀，錫之侯爵，賁以嘉名，豈唯慰一郡之心，實以垂千古之訓。」

第十二節　裴志灝甘願「丟官」

聞喜裴氏能夠成為一門望族，影響深遠，其中一個重要原因是有一部《河東裴氏新譜》傳下來，主持編著這部《新譜》的叫裴志灝，其功不可沒。

裴志灝，字漢友，號慎堂，清朝乾隆年間曲沃縣張村鄉大李村人，聞喜裴氏族人。曾經任安徽寧國府同知，分守寧國。他忠於職守，辦事公道正派。他在治旌德時，全椒、南陵等地受災，所撥賑穀兩萬石，因路途遙遠，未能及時送達，而災民嗷嗷待哺，時不可耐。他親自稟報上司，拿出庫存銀兩若干，就近買穀，應急救濟災民。因此事未經存案，為人所中傷，被罷職歸家。他居家四十年，修族譜、立義學、施贍田，做了許多善事。尤其是主持編修《河東裴氏新譜》，為裴氏家族留下了一份珍貴的史料；同時，還主持在老家聞喜裴柏村修建起裴晉公祠，成為後代兒孫紀念前輩的良好場所。

靠智慧解決百年積案

裴志灝出任安徽寧國府同知的第二天，就有人把一份狀子呈到他的案頭，狀子上寫著：「具稟寧國府王某等，稟為抹案朦詳，叩恩核卷，檄飭委勘事。身等村後有祖山……大人垂情，恩准檄府勘訊公斷，萬民感戴上稟。」有個負責文案的小吏告訴裴志灝，這是一起久拖未決的糾紛案件，王姓一族與方姓一族為爭一塊山田，官司打了幾百年，前朝時候就告來告去，誰都不服誰，本朝各級通判、知縣也多有審理，王、方二姓卻屢結屢翻，照告不誤。吏目把歷年來審理此案的稟狀，知縣的奏疏、飭令等一大摞公牘文書搬來給裴志灝看。

裴志灝大致上翻了翻這些公牘文書，心裡就有了底。他發現，這起案件雖然歷時久遠，各級同僚也多有公斷，但是不是把山林判予王姓，就是判予方姓，而官司輸掉的一方多有不服，每一任地方官員在決斷案件時，大都以雙方提交的契約及第三方證人為依據，缺乏極為重要的一環，就是實地勘察山林的方位與走訪事發地的民眾。

裴志灝獨自出了一趟城，他看到事發的山腳稻田旁坐著兩個老人，他說他是新來的教諭，不了解當地的風俗民情，甚至連哪座山是哪個村的，又是哪戶人家的都不清楚。兩個老人相視而笑，一個說，不用說你這個外鄉人了，就連我們當地人也斷不清這個是非，年代久遠，翻不得。另一個說，這山哪，左半邊種的是香榧，右半邊長的是紅豆杉，中間有一片混交林，有銀杏，有金錢松。原本王家跟方家一分為二就很穩妥了，可是當初他們的祖先埋界石埋的位置不好，前山的界石偏向了王家，後山的界石偏向了方家，整條線就斜了，誰都不讓誰，官司越打越難分明。裴志灝笑著說，這兩家人也很固執，前後山的界石都往中間移一點，不就公平了？兩個老人都笑說，不是固執，是有仇，哪一次打官司不用花錢？這一代一代算下來，兩家人花費都快能又買一座山了，他們不是爭勝負，而是在賭氣。

回到城內，裴志灝就派人通知王、方兩家來同知廳協商。他問王家的族長，能不能算得清因打官司世世代代花了多少冤枉銀子？又說方家的族長，你們這麼一意孤行，損人不利己呀。

裴志灝問案的方式讓兩家的族長都覺得新鮮，他們搞不清這個同知大人葫蘆裡賣的是什麼藥。裴志灝不是就事論事，而是撇開山林糾紛說為人處世的道理，說退一步天高地厚的道理，說禮之用、和為貴的哲學。然後，裴志灝就對兩姓族長講了個故事，說的是聖祖年間，禮部尚書張敦復的家人和鄰居因宅基地發生爭執的事情，張敦復回信給家裡人說：「一紙書來只為牆，讓他三尺又何妨。長城萬里今猶在，不見當年秦始皇。」裴志灝說：「想必大家都聽說過這件事，桐城離我們這裡又不遠，張尚書能勸家裡人退讓三尺，你們怎麼不能呢？祖先留下來的產業是要你們豐衣足食，福廕子孫的，不是要你們結怨鬥氣，在其中耗損銀兩的。你們前山的界石往左挪一挪，後山的界石往右挪一挪，把分界線取直了，心也就直了，心直了，氣就順了，氣順了，還有什麼過不去的難關？冤家宜解不宜結呀！」

裴志灝說得苦口婆心，兩家隔世的仇人也覺得一直爭下去得不償失，就在同知大人的主持下，對山林進行了重新勘量劃界。裴志灝在界碑上題了三個字：順氣石。有地方上的裡正問裴志灝怎麼不寫化冤石呢？裴志灝瞪著眼說：「何冤之有！」

回家做善事

官沒做幾年，裴志灝就因一件事把烏紗帽弄丟了。有一年，皖南大旱，尤以寧國府的全椒、南陵二縣為最，五穀不登，人民以樹皮充飢。到後來，樹皮也吃光了，就剩下吃人了。朝廷雖向災區下撥了二萬石賑災糧，卻因路途迢迢，遲遲未到。裴志灝知道糧食晚一天到，不知會餓死多少災民，他一狠心，命人把徵收上來的稅課地丁銀，改作去鄰省買糧的費用，以解燃眉之急。暫時安撫了災民，後到的賑糧也入了官庫，可是裴志灝卻被革職了，因為有人向朝廷舉報他私自動用庫銀，朝廷自然要處分他。

二十歲當官，到二十五歲，裴志灝就賦閒了。他不願意在傷心地多待，收拾簡單行裝，攜帶家眷回到老家山西曲沃大李村。由於幾代為官，家境不錯，不愁吃穿的裴志灝很快就成了頗有名望的鄉賢。他們老裴家歷代都有編撰家譜的傳統，他在《裴氏世譜》的基礎上，纂修了《河東裴氏新譜》，還在老家聞喜裴柏村主持修建了裴晉公祠，並為該祠購置土地六十畝，種植莊稼、瓜果，飼養牲畜，收入所得成為辦學的經費來源。他的這些做法，在裴氏族人中很受讚揚，成為一段佳話。

本書共六話，編寫者分別是楊占平（第一話）、馮軍（第二話）、徐大為（第三話）、寧志榮（第四話）、陳克海（第五話）、黃風（第六話）

電子書購買　　爽讀 APP

國家圖書館出版品預行編目資料

千年宰相世族，河東裴氏：兩千年文官武將不斷，真的不靠血統，只靠家風 / 楊占平 主編 . -- 第一版 . -- 臺北市：複刻文化事業有限公司 , 2025.09
面；　公分
POD 版
ISBN 978-626-428-238-3(平裝)
1.CST: 裴氏 2.CST: 家族史 3.CST: 傳記
782.7　　114012632

千年宰相世族，河東裴氏：兩千年文官武將不斷，真的不靠血統，只靠家風

臉書

主　　編：楊占平
發 行 人：黃振庭
出 版 者：複刻文化事業有限公司
發 行 者：崧燁文化事業有限公司
E-mail：sonbookservice@gmail.com
粉 絲 頁：https://www.facebook.com/sonbookss/
網　　址：https://sonbook.net/
地　　址：台北市中正區重慶南路一段 61 號 8 樓
8F., No.61, Sec. 1, Chongqing S. Rd., Zhongzheng Dist., Taipei City 100, Taiwan
電　　話：(02) 2370-3310　　傳　　真：(02) 2388-1990
印　　刷：京峯數位服務有限公司
律師顧問：廣華律師事務所 張珮琦律師

定　　價：450 元
發行日期：2025 年 09 月第一版
◎本書以 POD 印製